정해진 방향으로
직진하려면
한번쯤 생각해봐야 할

사업계획서

박정용 · 서용모 · 김수진 · 임종화

박영사

프롤로그

●

수상한 사업계획에서
정직한 사업계획으로

창업에 대한 많은 정보를 갖고 있으며 많은 자문을 구했고 또 많은 경험을 했다고 생각할 수도 있는 예비창업자들. 꼭 사업계획서가 필요하냐고 물을 수 있다. 결론부터 말하자면 필자의 대답은 당연히 Yes다.

투자가들은 사업가의 분석적이고 조직적인 사고능력을 원한다. 사업계획서를 작성할 능력이 있는지? 조리있게 말하는지? 어떻게 사업을 추진해 나갈지? 이처럼 사업계획서는 당신의 의도뿐만 아니라 그 사업에 대해 당신이 얼마나 깊이 생각해 보았는지 또한 밝혀준다.

그러나 더 중요한 것은 사업계획서는 여러분에게 절대적으로 필요하다는 것이다. 사업계획서를 작성하게 되면 그냥 지나치기 쉬운 일들도 잊지 않고 처리하게끔 된다. 그리고 사업계획서를 작성해 봄으로써 그 사업에 대해 많은 것을 알게 된다. 또한 사업계획서를 작성함으로써 한시 바삐 사업을 시작하고 싶어 하는 사업가들의 과잉의욕을 다스릴 수도 있다. 그러므로 사업계획서의 중요성은 아무리 강조해도 지나치지 않다. 그냥 단순한 사업계획서는 필요 없다. 창업을 하기 전, 오픈 후의 상황이나 각종 리스크를 대비해 시뮬레이션이 가능한 사업계획서를 써야 한다는 것은 이제 예비창업자들도 익히 알고 있는 사실이다. 하지만 '계획서'라는 다소 딱딱한 어감에 짓눌려 형식에 연연하는 사업계획서를 만드는 사람들이 많다. 단지 구색을 맞추기 위한 형식적인 작성이라면 아예 그런 노력조차 기울이지 않길 권한다. 그 시간에 차라리 더 많은 아이디어와 기술력을 구축하는 게 나을 수도 있다.

천편일률적이고 틀에 박힌 방식을 따르는 기존의 형식적인 사업계획서는 더 이상 별 쓸모가 없다. 그 대신, 사업을 성장시키고 발전시키고자 하는 계획이 필요하다. 몇 주 또는 몇 달을 허비하면서 형식적인 사업계획서를 개발하는 것보다는 간단하게 시작한 다음 그때그때 자신에게 맞는 계획을 진행하는 편이 훨씬 낫다.

정직한 사업계획서를 작성하라. 정직하다는 것은 뭔가 석연치 않다는 느낌을 줄 수 있는 문제를 고민하고 해결하려는 '호기심'을 자극하는 훌륭한 기폭제가 된다. 그리고 그 문제해결의 끝엔 내가 원하는 '무언가'에 집중해야 한다.

인생을 살아가면서 고민하고 문제해결의 결과를 만들어가는 하나의 감격스러운 기억을 남겨줘야 하지 않겠는가? 머리만 있고 꼬리는 없는 창업 아이템만 믿고 시작만 요란한 사업계획서를 작성하겠는가?

사업계획서. 그 정직한 사업계획서의 주인공이 될 수 있는 성공의 열쇠를 찾아가보자!

저자들은 대전에 있는 대학과 산업 및 창업지원 기관에서 근무하거나 경험했던 연구자들이다. 20년 이상 기업의 성장과 쇠퇴를 가까이에서 지켜보면서, 실질적으로 기업경영에도 참여하였던 경험을 갖고 있다. 이 책은 창업을 하고자 하는 학생, 예비은퇴자, 기업가가 창업의 아이디어를 어디서 얻고, 어떻게 준비하며, 성공에 이르려는 의지와 노력, 그리고 "업"을 일으키려는 기업가정신을 고무시키는 방법을 구조화하고자 노력한 결과물이다.

"수상한 사업계획서(2011.8, 파비루스)"는 그동안 저자들이 창업 및 산업기획 분야에서 근무하면서 창업자와의 상담 및 사업 컨설팅에서 경험한 현장 체험과 일반인 및 대학생을 대상으로 강의한 지식을 토대로 하였다. 기술창업과 시장창업의 두 분야를 큰 줄기로 하여 체계적인 창업지식과 훈련이 가능하도록 실무 위주로 편집되어 있다. 창업을 꿈꾸는 이들에게 창업의 지침서 역할을 충분히 해왔다고 자부한다. 다만 시대는 변하고 있고 시장의 트렌드도 변하고 있어 이번에 개정판을 내놓게 되었다. 자영업자가 600만이 되는 시대에 우리는 살고 있고 앞으로 우리 모두가 겪게 될 것이기에 많은 이들이 특히 관심을 가지는 아이디어 기획 분야에 대한 내용을 보강하였다.

필자가 이미 세상에 내놓은 "수상한 사업계획서(2011, 파비루스)"에 대한 부족함을 느끼고 새롭게 다가오는 기술변화에 대응하고자 이 책을 쓰게 된 만큼 많은 분들에게 이 책이 도움이 되기를 바라며, 창업의 용기에 격려되는 책이 되었으면 한다.

사업 과정은 하나의 예술적 과정이며 그 도구가 비즈니스 플랜이라는 분명한 사실에서 출발하여, 누구나 세울 수 있는 계획보다는 나만의 기획을 고심할 수 있는 시간을 드리고자 노력하였다. 그럼에도 항상 부족한 필력과 열정의 아쉬움은 전적으로 저자들의 몫이다.

마지막으로 이 책의 원동력인 상상의 비즈니스를 갈망하는 미래의 기업가와 시장원리의 쓴맛을 곱씹는 창조적인 학생 창업CEO에게 감사드린다.

신축년 3월에
박정용 서용모 김수진 임종화 올림

차례

프롤로그

수상한 사업계획에서 정직한 사업계획으로

사업계획서 작성의 필요성

나만의 케렌시아

김수진

쫓기듯 살아온 하루 일상 속에도
숨 고르기 위해서 잠시 브레이크를 밟는다

자동차에 연료를 넣어주고 점검하듯
우리 삶도 에너지가 고갈되지 않았는지
중간 중간 멈춰 서서 정비를 해야 한다

바쁘다는 건 내 공간이 아닌
다른 사람들의 공간을
쉴 틈 없이 옮겨가고 있는 것이다

온종일 공간들을 넘나들다 보면
자신을 순간순간 놓치고 살게 된다

퇴근길 밤하늘에 떠 있는 별빛이 애잔하다
일상은 물 없는 오아시스를 찾아
맨손으로 파내는 고단함이다

숨가쁘게 살아가는 길에
잠시 멈춰서는 일
그 공간이 나만의 케렌시아이다

 - "기억이 추억한다" 中에서 -

1. 준비된 마음이 필요하다

　사랑하는 가족을 위해 저녁을 준비하는 마음으로 주방에 들어선 순간 무엇부터 해야 할지 몰라서 그리고 무엇을 해야 할지를 몰라서 당황하거나 방황하는 경우를 종종 볼 수 있다. 이미 마음속에서는 일터에서 지친 몸을 달래줄 수 있는 보양식을 준비하려고 생각을 하고 있을 것이고, 학교에서 돌아오는 아이들을 위해 맛있고 조금은 특별한 음식을 준비하려고 마음먹었을 것이다. 하지만 주방에 들어선 순간 무엇을 준비하고 냉장고 안의 식자재들에 대한 올바른 사용법을 몰라 늘 하던 대로의 밥과 반찬이 올라오게 된다. 맛있고 영양가 있는 음식은 머릿속에는 그려져 있지만 막상 내 손으로 직접 만들려고 하니 엄두가 나지 않는다. 그렇다고 전문 식당가를 찾는 것도 하루 이틀이지 매일 찾는 식당도 결국 질리게 된다. 그나마 마음속으로 그렸던 음식을 준비하기 위해서 꺼내둔 재료를 보고 방향을 잡아 칼질을 시작한다. 하다가 혹은 요리하면서 요리 레시피를 꾸준히 들여다보고 그대로 하려고 안간힘을 쓴다. 그래도 처음 도전하는 음식은 여러모로 위험요소가 있기 마련이다. 내가 어디서 먹어봤기 때문에 당연히 잘할 수 있을 거라고 생각하고 덤비다가는 가족 구성원들은 희생양이 될 수밖에 없다.

　이처럼 요리가 내손에 익숙해지기 위해서는 나름대로의 노력과 시간이 필요하다. 간혹 가족의 희생이 필요하기도 하다. 사업을 한다는 것은 요리하는 것과 비슷하다. 주변에 다양한 식자재들이 있지만 이들의 조합을 만들어 내는 역량이 결국 맛을 결정짓는다. 사업도 마찬가지이다. 주변에 많은 아이디어와 아이템을 어떠한 방식으로 펼쳐 나가고 이를 어떤 방식으로 운영하는가에 따라 성공과 실패의 여부가 갈리게 된다. 요리에는 요리를 돕는 레시피가 있어 그나마 따라하면 어느 정도 흉내는 낼 수 있다.

요리뿐만 아니라 자신이 자신 있게 그리고 잘할 수 있는 영역에서 인정을 받는 것은 꾸준하고 반복적인 훈련과 노력을 통해서 이루어진다. 이를 통해 자신의 영역에서 다른 경쟁자들보다 높은 성과를 만들어 낼 수 있으며, 시장에서 인정을 받을 수 있다. 이러한 부분은 음식을 만드는 과정이나 창업을 하는 과정이나 다르지 않을 것이다. 30년 맛집도 처음부터 사람들에게 인정을 받고 시작하지 않았을 것이고, 지금 잘나가는 기업도 처음부터 시장 경쟁력을 확보하고 진출하지 않았을 것이다. 지속적인 반복과 여러 자원의 투입이 지금의 자리를 만들었다고 생각한다. 결국 가장 유사한 상황을 그려보고 그렇게 되기 위한 시도를 무한 반복 훈련해야만 어느 정도 인정을 받을 수 있을 것이다. 음식을 준비하는 것도 처음 신혼 때에는 애정으로 이해하고 받아들인다 하더라도 시간이 점점 흐르고 나면 이를 같이 먹는 상대에게 식사시간은 힘든 시간이 될 것이다. 이러한 부분을 극복하기 위해서 친정어머님 및 시어머님의 컨설팅이 가미되면 조금씩 완성된 조합으로 식탁에 오르게 될 것이다. 이렇게 가족을 위한 꾸준한 노력의 투입은 성숙된 요리로 탄생하고 인정받게 될 것이다. 이러한 내용을 신경과학자인 다니엘 레비틴(Daniel J. Levitin)은 1만 시간의 법칙이라는 개념을 통해 꾸준히 자기분야에 노력하지 않으면 안 된다고 주장하고 있다.

창업도 마찬가지이다. 보기에 좋아 보인다고 모든 걸 걸고 창업의 세계로 들어서게 되면 기존의 경쟁자들이나 다른 경쟁 환경에 부딪히게 되고 이를 극복하지 못하면 실패하는 것은 당연하다. 창업에도 계획과 준비가 꾸준히 이루어져야 한다. 막연한 환상이나 기대에 부풀어 창업을 하게 되면 자신뿐만 아니라 자신과 연결되어있는 많은 자원을 잃게 된다. 심한 경우 이러한 수렁에서 헤어 나오지 못하는 경우도 많다.

늘 준비하고 연습하고 노력하는 자세로 꾸준히 질주하면 성공으로 가는 문이 그나마 조금은 보이게 될 것이다.

■ 그림 1-1 **역사와 전통이 있는 맛집은 항상 고객이 기다리고 있다.**

2. 세상의 변화를 인지하자

어느새 우리는 제4차 산업으로 무장을 한 지금의 산업의 모습에 익숙해졌다. 얼마 전까지만 해도 산업은 특정 기업과 산업군이 이끌어가는 모습이었다. 하지만 최근 들어서는 산업의 움직임이 넉넉하지 않다. 고전적 방식으로 세상을 지배하던 산업의 모습은 이제 다양한 패턴으로 변화해가고 그 속에서 새롭게 재편되는 모습이 더 이상 낯설지 않다. 최근의 상황에서 보면 덩치 큰 산업군이 세상을 이끌어가는 모습이 아닌, 이제는 고객의 마음을 먼저 알아내고 이를 해결해주고 그들에게 혁신적이고 가치 있는 니즈를 제공하는 기업에게 손을 내밀게 된다는 것을 알아야 한다. 코로나 등의 일련의 상황으로 세상이 대면에서 비대면으로 바뀌어가는 모습이 당연하게 되어가는 세상임을 인지해야 할 것이다. 직접 찾아와 줄을 길게 늘어선 유명 맛집의 경우도 이제는 배달의 힘에 의존하지 않으면 안 될 정도이다. 안전에 대한 소비의 욕구를 인지해야 하는 최근의 상황을 인식하고 전환하고 있음을 보여주는 것이다. 자신이 경영에서 효율성을 지키며 그 자리를 지키던 시대는 점점 희석되어 가고 있다. 이는 불확실한 시대가 될수록 많은 변수로 인해 기업들은 향후 미래의 산업을 준비하면서 기존의 타성 기반에 효율성을 강조하기보다는 시장에 제공하고 있는 회복탄력성(resilience)에 대한 관심이 높아지고 있다는 것이다. 감염병 등의 위협으로부터 자신의 생존을 위한 기업의 태도는 자신이 처한 다양한 위기로부터 벗어나고자 노력하고 있다. 자신의 예측 불가능한 가치사슬에 의존하는 것보다는 생산적인 운영을 위한 회복탄력성의 강화를 택하고 이를 적극적으로 수용하고자 노력하고 있다. 기업이 자신의 경영성과를 높이기 위해 그동안 운영했던 경영체계에 의존하다 보니 새로운 환경으로부터 당면한 위기에서 새로운 환경으로의 도전을 위한 준비를 고려하지 않을 수 없다. 예전에 자신의 수익의 관점에서 관리대상이었던 원가절감과 효율성 중심의 시스템을 과감히 변경해야 한다. 공급사슬에 대한 다변화를 통해 회복탄력성을 확보하는 것이야말로 기업의 미래가치를 지키고 생존에 대한 우려를 조금이나마 줄일 수 있는 전략적 태도가 될 수 있을 것이다.

　　기업의 적극적 태도는 이뿐만이 아니다. 제4차 산업이라는 개념이 도입되면서 기업들은 앞을 다투어 디지털화로 방향을 바꾸고 있다. 사실, 이러한 디지털로의 전환은 인터넷혁명의 시대라고 불리는 1990년대에 처음으로 등장한 디지털 트랜스포메이션(Digital Transformation)

은 디지털 기술이 사회전반에 적용하여 전통적인 사회구조를 혁신적으로 변화시킨다는 의미를 담고 있다. 제한된 분야에 적용되는 소극적 기술혁신과는 달리 디지털 트랜스포메이션은 기업 경영 전반에서 광범위하게 이루어지고 있다. 이러한 변화는 기업들이 그동안 추구하던 비즈니스 모델에도 영향을 주고 있어 산업의 패러다임이 급격하게 변화하고 있음을 시사하고 있다. 디지털 트랜스포메이션은 오늘에 이르기까지 3단계의 진화를 거쳤다. 첫 번째는 1990년대 말 이루어진 '디지털인프라 기반 구축' 단계이다. 본격적으로 인터넷이 도입되면서 MP3, VOD 서비스와 같은 디지털 상품이 등장했고, 서버, 네트워크와 같은 디지털 인프라가 구축됐다. 그 뒤를 이어 2000년대 초반 이루어진 두 번째 변화는 구축된 인프라를 기반으로 한 e-커머스 시장 활성화가 핵심이다. 인터넷 보급이 확산되면서 전자상거래의 비중이 폭발적으로 늘어났고, 이에 따라 기업들은 온라인 시장에서 경쟁력을 갖추기 위한 디지딜 마케팅을 적극적으로 추진하게 된다. 세 번째는 이러한 디지털 트랜스포메이션은 2010년대 초반 사물인터넷(IoT), 클라우드 컴퓨팅, 인공지능(AI), 빅데이터 솔루션과 블록체인 등 첨단 정보통신기술 플랫폼의 등장으로 정점에 이르렀다. 기업들이 '전산화(computerization)'와 '디지털화(digitization)' 과정을 통해 새로운 산업 생태계를 구축하기 시작한 것이다. 기업들은 이러한 트렌드에 맞춰 경영전략 및 비즈니스 모델의 총체적인 '디지털 트랜스포메이션화'을 서두르고 있다. 이러한 경향은 최근 코로나19 사태로 인한 언택트(Untact) 기술의 수요 증가와 맞물려 점점 더 가속화하고 있다.

◪ 표 1-1 디지털 전환에 따른 주요 내용

주요 관점	내용
정책	- 4차 산업혁명을 통한 고용확대 및 장기적 경제침체 탈피
경제	- 경영이론의 진부화 및 산업 내의 교착상태 해결 - 고객 커뮤니케이션 및 채널의 디지털화
사회	- 인터넷 보급에 따른 개인중심의 경제 도래 - 데이터의 폭발적 증가에 따라 데이터 기반분석의 필요성 - 언택트(Untact) 시대의 사회적 패러다임 유행
기술	- 디지털 기술의 혁신적인 발전 - 초연결, 자동화 및 지능화 기술 기반의 혁신

디지털 전환으로 산업의 구조와 경영분야에서의 혁신은 필수적인 전략이 되어가고 있다. 디지털 혁신을 수용하지 않으면 점점 더 시장에서 생존하기 어려운 시대가 되고 있다. 거의 모든 산업분야에서 디지털 혁신을 통해 새로운 가치를 창출하거나 기존의 가치를 고도화하여 경영성과와 연결하고 있다. 즉, 디지털 도구를 통한 원가절감, 고객에게 차별화된 가치의 제공과 이들로부터의 수익을 창출하는 비전을 세우고 실행하고 있다. 기존의 가치사슬을 유지하는 방식을 고집하는 것을 탈피하고 새로운 변화를 주도하기 위하여 디지털을 채용하고 있는 것이다. 디지털로 인해 기업의 비즈니스 모델의 혁신은 이제 당연하게 여겨지고 있으며, 기업마다 자신의 비즈니스 모델을 고도화하기 위하여 부단히 노력하고 있다.

많은 기업이 경영의 방식을 서서히 혹은 혁신적으로 디지털화로 전환하고 있다. 이제는 더 이상 새로운 시장이 아니라 자신이 진입해야 할 시장이고 만들어야 할 고객임을 인지하게 되었다. 전통적인 경영방식으로부터 새로운 그리고 혁신적인 운영방식을 도입하여 시장에서의 가치를 창출하기 위해 준비하고 적용하고 있다. 전통적인 방식의 경영 전략적 측면으로 채널의 확보는 고객과의 만남이 가장 중요한 모멘텀임을 인지하고 있다. 그래서 전통적인 시장의 개념도 이제는 디지털로 무장해야 한다. 그리고 이러한 무장은 결국 비즈니스 모델의 혁신이 될 것이다. 이러한 혁신의 도입은 고객을 확보하기 위한 마케팅과 판매 그리고 고객서비스를 수행하기 위하여 디지털을 적용하고 활용하는 것이다. 이제는 고객을 찾기 위해 더 이상 발품을 팔지 않아도 된다. 홈페이지, 인터넷 쇼핑몰, 포털사이트, 다양한 SNS(Social Network Service) 등을 통해 빠르고 쉽게 접근할 수 있다.

기업이 업무를 수행해오는 과정에서 진행되었던 다양한 프로세스를 견고하게 하고 이를 강화하여야 한다. 그래서 기존의 시스템을 전환하여 내부역량을 강화하고 시장진입에서도 우위를 확보하기 위한 가치사슬의 통합을 고려하고 적용하고 있다. 기업 내부뿐만 아니라 기업 간 업무 프로세스를 통합하고 원가관리, 업무처리속도 증가, 서비스 개선 등을 이제는 디지털로 관리하고 있다. 이를 통해 전자조달, 공급사슬관리 등의 업무를 혁신적으로 관리하고 있다.

이제는 업무의 처리방식을 기존 산업의 패러다임에서 탈피하여 새로운 산업의 모습을 운영하게 되는 방식으로 바꾸지 않으면 안 된다. 디지털 전환은 산업의 변형을 초래하고 기업의 비즈니스 모델의 혁신을 촉발하게 된다. 이러한 비즈니스 모델의 혁신은 산업과 산업의 경계영역을 초월하는 새로운 산업이 등장함을 의미하며, 이는 결국 산업 간의 융합이 트렌드로 자리를 잡아가고 있음을 의미하는 것이기 때문이다.

3. 창업과 경영의 전략을 고민하자

1) 전략을 통한 출발

　세상의 변화에 대한 이치를 잘 알고 자신의 아이디어를 시장으로 진입시키기 위한 다양한 노력이 있어야 실패할 확률을 줄일 수 있다. 자신의 아이디어나 비즈니스 모델을 기반으로 창업을 시도하는 것은 많은 위험요소가 따른다. 때문에 그런 위험을 최소화하고 성공의 확률을 확보하기 위한 전략적 접근이 필요하다. 창업의 프로세스는 성공적인 창업을 통해 시장에서 경쟁력을 확보하기 위한 과정임을 인지하고 그에 합당한 전략을 구축하고 이를 바탕으로 안정적으로 성장할 수 있도록 창업환경에 대한 변화에 따라 능동적으로 대응하기 위한 기본적인 가이드라인이 되기도 한다. 급변하는 창업환경 속에서 안정적으로 시장 내 포지셔닝을 확보하기 위해서는 치밀한 전략의 수립이 필요하다. 이 전략 속에는 경영의 전반적인 부분, 경영의 다각화, 새로운 시장의 개척과 진출, 신제품 개발과 확산, 리스크 관리 등의 모든 것을 담고 있다.

경영적인 측면에서 전략을 구축한다는 것은 기업운영을 가장 효율적으로 운영하고 자신의 안전한 목표 지향적 성과를 창출하기 위한 방법론이다. 자신의 아이디어나 비즈니스 모델을 시장에서 전개하기 위하여 시장 환경에 부합되는 전략을 구축하는 것은 경영자의 중요한 임무이기도 하다. 그만큼 전략을 수행하는 것은 경영적인 측면에서 중요한 과정으로 인식하고 이를 실행하기 위해 노력을 하고 있는 것이 사실이다. 경영환경이 디지털화로 전환되는 과정 속에서 기존의 전략을 수행하기에는 무리가 있을 수 있다. 이러한 시장 환경을 반영하지 않고 기존의 전략을 그대로 수행하다보면 결국 경쟁자들에게 뒤처지는 결과를 맞게 될 것이다.

실제로 경영전문가 톰 피터스(Tom Peters)는 계획으로부터 성공적인 전략을 도출해내는 첫 번째 경영자에게 100달러를 주겠다고 제안하였다. 그러나 아직까지 그가 돈을 지불했다는 소식은 전해지지 않고 있다. 이처럼 전략이 사업계획 단계에서 성공적으로 수립되기란 쉽지 않다. 그럼에도 불구하고 사업계획 수립의 과정이 중요한 것은 회사가 원하는 목표를 정확하게 인식함으로써 전략의 방향을 더욱 명확히 할 수 있기 때문이다.

사업계획을 수립하기 위해서는 수많은 과정을 거치게 마련이다. 자신의 최종 목표를 달성하기 위해 세부적인 비전 및 목표를 설정하고, 환경 분석과 자사의 역량분석을 통한 성공요인 분석, 그리고 전략의 수립과 선택, 실행과 평가의 단계를 거친다. 하지만 이러한 일반적인 프로세스를 알고 있으면서도 종종 많은 사람들이 실패로 끝나는 경우가 많다. 그 원인을 찾아보면 다양한 이유가 나오겠지만, 그중에서도 사업전략의 부재 혹은 올바른 설정이 이루지지 않아서 실패하는 경우가 많다. 이는 잘못 설정된 비전이나 목표, 전략개발 단계에서의 혼돈, 가치창출에 대한 통찰력의 부족, 실행과 사후관리의 지속성 결여라는 단계적 혹은 시스템적 문제점에 기인하는 경우가 많다.

사업계획을 수립하는 각 단계별 과정에서 이러한 문제점을 극복하기 위해서는 자신의 아이디어 혹은 비즈니스 모델을 정의하고 이것이 시장에서 어떻게 변화하는가를 즉, 기업이 나아가야 할 미래 방향인 비전을 명확하게 설정하는 것이다. 변화하는 환경에 적응하고 생존하기 위해서는 기업들이 새로운 비전을 제시하고 사업의 목표를 설정함으로써 살아남던 시대는 이미 지나갔다. 이제는 사업 환경을 자신의 경영환경에 적극적으로 반영함으로써 환경을 이끌어 갈 수 있도록 비전을 디자인해야 한다. 결국 명확한 비전 제시를 통해 이 목표를 달성하기 위한 구체적이고 현실적인 전략의 수립은 기업의 생존에 중요한 영향을 미치게 된다는 것을 의미한다.

기업을 운영하면서 혹은 새로이 창업을 통해 시장에 진출하고자 할 때 자신이 설정한 사업계획을 주기적으로 재평가와 피드백을 통한 점검이 중요하다. 시장 환경은 정체된 상태가 아니라 유기체처럼 성장하고 변화하는 과정을 거치고 있다. 심지어 성숙단계를 지나 쇠퇴기를 통해 부지불식간에 시장에서 사라지기도 한다. 사업계획을 재평가한다는 것은 변화하는 시장 환경에 유연하게 대응하고 생존하겠다는 의지를 담고 있는 것이다. 미국 매사추세츠 주의 뱁슨 칼리지(Babson

College) 기업가정신 교수이자 대학 중심 기업가정신 생태계 개발(The Development of University-based Entrepreneurship Ecosystems)의 공동 편집자인 패트리샤 그린(Patricia Greene) 교수는 사업계획을 재평가하는 데 가장 뛰어난 사람은 사업계획을 점검할 때를 미리 정해두는 사람이라고 언급하고 있다. 즉, 주기적으로 사업계획서를 다시 읽어야 한다는 것이다. 가장 최근에 사업계획서를 작성한 이후 사업에 어떠한 변화가 있었는지를 생각해보고 그에 맞는 수정 혹은 업데이트를 통해 시장 환경 속에서 생존할 수 있도록 해야 한다. 이것이 전략의 일부이며 혹은 전부일 수도 있다는 것이다. 이러한 사업계획서의 수정 및 조정의 책임은 담당 직원이나 부서의 책임이 아니라 최고 책임자의 몫인 것이다. 그만큼 시장 환경 속에서 생존하기 위한 전략은 자신의 사업계획을 시장 환경 속에서 주기적으로 점검하고 이를 시장에 반영하기 위한 노력의 총합인 것이다. 이러한 과정을 통해 자신이 설정한 비전과 일치하는 방향으로 발전하고 있는지에 대한 점검도 중요한 과정임을 잊지 말아야 한다.

사업을 전개하면서 몇 가지 원칙을 준수하는 것만으로도 실패에 대한 위험요인을 최소화할 수 있다. 일단 사업계획을 수립하고 이를 실행하면서 기억해야 할 중요한 사항들이 있다. 자사의 중요한 자산이 분명하게 드러나게 함으로써 내부 및 외부에서도 경쟁우위를 제시하고 시장에서의 차별화를 제시할 수 있어야 한다. 이렇게 하기 위하여 고객에게 제공할 만한 가치 있는 제품이나 서비스를 확보하고 있는지 검증하기 위한 방법을 개괄적으로 표현해야 한다. 자신만 알 수 있는 언어가 아니라 일반인도 공감할 수 있는 표현을 통해 자사를 설득시켜야 한다. 내부적으로는 자신에게 주어진 위험을 이해하고 이를 인지하고 이에 대응할 수 있는 방안이 있다는 것을 제시하여 위기상황에서도 극복해 나갈 수 있다는 전략적 의지가 있다는 것을 공유할 수 있어야 한다.

하지만 이것만으로는 부족하다. 의욕만으로 자사의 모든 것을 담아 표현하려고 해서는 안 된다. 가능한 모든 시나리오나 위험을 묘사하려고 노력하지 않는 것이 좋다. 자신의 사업을 전개해가는 과정 중에 닥칠 수 있는 다양한 요인을 일일이 나열할 필요가 없다. 숲과 나무를 볼 줄 아는 안목으로부터 자신의 기업을 지킬 수 있다는 것도 명심해야 한다. 그리고 자신이 설정한 사업계획서를 그대로 방치해서는 안 된다. 주기적으로 비즈니스 계획을 수정하거나 업데이트를 통해 지속가능한 경영의 모델을 제시해야 한다. 이것 또한 경영 전략적인 모습의 하나이다.

2) 계획하고 로드맵을 세우자

어떤 일이든 계획이 있으면 그 계획을 실행으로 옮겨야 한다. 계획만으로는 아무런 성과가 창출되지 않는다. 우리 몸의 근육도 마찬가지이다. 마음속으로만 운동계획을 세웠다고 해서 이두박근이나, 복근이 만들어지지 않는다. 어찌 됐든 실행을 해야 미세한 근육들이 자극을 받고 꾸준한 운동으로 단단해진다. 사업을 한다는 것도 일단은 자신의 아디이어를 체계적이고 구체적으로 표현해야 할 필요가 있다. 그것이 사업계획서가 될 것이고 그 계획서에 제시한 내용으로 전개하려고 노력할 것이다. 결국 사업계획서를 작성한다는 것은 자신이 가장 중요하게 생각하고 있는 아이디어 혹은 비즈니스 모델을 문서화하는 일이다. 즉, 최초의 아이디어부터 조금 더 구체화된 내용을 문서화하여 체계적으로 기술하는 것이 결국 사업계획서가 된다. 일단 창업을 시도하는 사람들은 예상치 못한 순간에도 아이디어가 떠오를 때가 있다. 하지만 대부분의 사람들은 그저 생각으로만 그친 채 넘어가는 경우가 많다. 하지만 창업가들은 아니 이미 창업을 하겠다고 준비하는 사람들은 자신의 아이디어 하나하나를 놓치지 않는다. 이를 꾸준히 고민하고 실행하기 위하여 노력한다. 이러한 일들에 의지와 비전을 발현하는 것은 중요하지만 이를 검증하거나 조율할 필요가 있다. 처음 세운 아이디어는 이제 막 광산에서 채굴해 온 원석이기 때문에 시장 상황에 혹은 사용자 환경에 부합될 수 있도록 가공해야 한다. 이러한 일들이 결국은 자신의 아이디어 혹은 비즈니스 모델에 대한 계획서를 작성하고 들여다보는 일이다.

그럼에도 불구하고 자신이 구축하고 실행하려는 계획은 여전히 많이 부족하다. 일은 신념의 문제가 아니라 사실을 바탕으로 강한 비전을 유지해야 한다. 그러면서 초기에 세웠던 비전이 대체로 검증되지 않은 가정 혹은 가설에 바탕을 둔다는 점을 인정하고 이를 지속적으로 검토할 필요가 있다. 이 사업계획서는 결국 초기에 자신이 수립했던 초기 비전을 체계적으로 검증하고 개선하는 일을 도와주게 되는 중요한 문서가 될 수 있다.

이러한 계획서를 주기적으로 검토하여 초기 아이디어에 대한 가설적 개념을 다양한 사람과 이야기를 나누는 것도 중요하다. 그것이 자신이 만들어가는 창업의 가설을 검증하는 방식이기도 하고 다른 이해관계자들과 비전을 공유하는 과정이기도 하다. 그 과정에서 설정된 가설이 제시하고 있는 솔루션에 주목해야 한다. 우리는 종종 자신이 그린 아이디어를 통해 제품이나 서비스를 제공한다고 생각한다. 그것으로부터 얼마만큼의 수익을 올릴 수 있을지를 이야기하고 있다. 하지만 이러한 근시안적 접근보다는 조금 시야를 확장해서 자신의 아이디어를 솔루션이라는 관점으로 들여다보는 것이 필요하다. 시장에서 고객이 요구하는 문제를 해결해주는 솔루션이라는 관점에서 보면 제품이든 서비스든 이를 어떻게 제공하고 확장할 것인지에 대한 방향을 찾을 수 있을 것이다. 아이디어를 그려내는 일에는 비용이 그리 많이 들지 않지만 이를 구현하고 실행하는 데는 엄청남 비용이 발생하기 때문이다. 고객에 대한 정확한 인식, 고객에 대한 가치 제공 등의 문제를 해결하기 위한 구체적이고 논리적인 제안이 요구되는 것이다. 그리고 어떻게 확장해나갈 수 있을까에 대한 제안이 사업계획서에 담겨있다. 아이디어 혹은 비즈니스 모델을 확장하는 것이 결국 자신의 시장영역을 확장하는 과정일 것이다.

4. 전략적 프로세스의 이해

1) 전략기획과 전략의 모순

모든 일에는 순서가 있다고 한다. 이를 다른 표현으로 하면 자신의 목표를 달성하기 위해서는 전략적 접근을 통해서 가능하다는 것이다. 많은 조직들이 일치된 비전이 없다면 이정표를 잃은 나그네의 모습과 다를 바 없다. 경영을 하는 입장에서 보면 경영전략은 매우 중요하다. 경영전략이 없다면 기업 내 부서와 개인들이 저마다 필요하다고 생각하는 일들은 열심히 하겠지만 그 활동들이 하나의 공통된 비전을 달성하기 위한 것이 아니라 여러 목표로 분산될 가능성이 매우 크다. 이처럼 전략은 조직을 하나의 목표를 달성하기 위한 가장 기본적인 통합 과정이기도 하다. 그리고 전략 기획 프로세스는 기업의 전략을 효율적으로 또는 효과적으로 구체화시키고 전략실행을 위해서 각각의 책임 영역을 규정하는 것을 목표로 하는 활동이기도 하다. 전략 기획은 경쟁우위를 확보하고 전체 프로세스를 전략 경영이라는 용어로 표현하기도 한다.

우리의 아이디어나 비즈니스 모델을 구현하기 위해서는 전략 기획의 도입을 통해 운영될 수 있다. 그 과정은 첫 번째로 현재의 상황을 분석함으로써 미래에 대한 어떤 가정을 수립해야 할지를 인지하는 상황분석의 단계이다. 두 번째로 상황분석단계에서 확보된 정보를 근거로 의사결정을 내리는 전략수립 단계이다. 마지막으로 수립된 전략을 조직에 적용해서 결과를 얻는 전략실행의 단계가 요구된다. 이러한 체계적인 과정을 거친 전략이라도 반드시 결과물을 얻기 위한 목적으로 수립하기 때문에 실행 계획도 구체적으로 그려야 한다. 그렇지 않으면 생명력을 잃을 수밖에 없다는 것을 알아야 한다.

실제로 전략기획이 전략을 세우고 실행하는 데 도움이 될까에 대한 의문을 가질 수 있다. Bain survey of executives in North America, Western Europe and Asia(2014)에 의하면 대부분의 경영진들은 자신의 전략기획 프로세스가 강력한 전략을 수립하는 데 효과적이지 않다고 응답을 했다. 이는 최근의 비즈니스 환경 변화와도 관련이 있다. 전통적으로 전략기획은 재무적 성과를 높이는 데 많은 도움이 된다고 알려져 있다. 전략기획 활동을 통해 기업이 당면한 내부 및 외부 환경변화에 따라 조직 내의 자원분배에 대한 의사결정을 하여 운영 효율성을 제고하는 데 목적이 있다. 그러나 자원 활용의 효율성을 추구하다보니 불확실성이 높고 혁신이 요구되는 현 시점에서는 적절하지 않을 수도 있다. 새로운 시장에 진출하거나 혁신 활동을 위해서는 투자가 필요한데 전략기획의 렌즈로 들여다보면 새로운 기회를 추구하는 것에 소극적일 수밖에 없기 때문이다.

일반적으로 전략기획 프로세스에서는 계획을 수립하는 데 많은 시간이 소요된다. 또 많은 자원이 투입되기도 한다. 외부환경, 산업분석으로부터 시작해서 전략을 도출하기 위한 다양한 프레임워크를 적용하면서 자료 조사하는 데 많은 시간을 투자한다. 이런 과정을 거치면서 기업들은 목표를 달성하기 위해 어디에 투자할지를 결정하고 복잡하고 세부적인 도구를 활용해서 미래의 비용과 수익을 추정하기도 한다. 전략기획 프로세스 후반부에 가면 사람들은 절박함을 덜 느끼고 미래에 대한 두려움도 덜 느끼게 된다. 어찌 보면 이런 복잡한 과정을 통해 자기합리화를 찾는 것일 수도 있다.

사실 전략의 본질은 불확실성과 알려지지 않은 것에 대한 두려움을 극복하는 것이다. 따라서 전략을 만들어 가는 데 두려움과 불편함은 가장 핵심적인 요소가 된다. 만약 수립된 전략이 온전히 수월해 보이고 확신이 높다면 어쩌면 그 전략은 좋은 전략이 아닐 수 있다. 좋은 전략이란 엄청난 시간을 투입해도 변경할 수 없고 거의 완벽한 결론으로 이끄는 연구조사의 산물은 아니다. 오히려 아주 단순하고 대충 뚝딱 만들어진, 그러면서 유용한 결과를 만들어 내는 것이 좋은 전략이 될 수 있다.

2) 그럼에도 불구하고 전략은 중요하다

전략 기획은 불확실성을 확실성으로 전환할 수 있는 만능도구가 아니다. 오히려 전략을 수립하는 단계에서 숨겨져 있는 의견 차이를 밝혀내어 협의하기 위한 커뮤니케이션의 도구로 활용할 수 있다. 또한, 전략기획 활동을 통해 미래에 대해 생각하고 자원을 재조정하는 데 활용하기도 한다. 그리고 전략을 살아있는 유기체로 간주하여 전략기획 프로세스를 통해 지속적으로 전략을 조율해야 한다.

전략 기획은 조직 내에서 전략적인 대화를 위한 도구로써 활용이 가능하다. 수립된 전략은 틀릴 수도 있고, 불확실성도 높지만 전략 기획 프로세스 하에서 조직 내의 여러 부서 간에 전략적 대화를 나누는 장이 마련된다. 전략적 대화를 통해 핵심적인 이슈와 문제점을 파악하고 상위 수준의 해결책을 논의하고 결정한다. 그리고 전략 계획을 수립하여 자원을 할당하고 제대로 실행하고 있는지 주기적으로 파악한다.

결국 자신의 비전을 달성하고 실행하기 위해서는 전략적 사고가 필요하다. 그 사고를 수행하기 위한 체계적이고 객관적인 프로세스가 기획 단계부터 논의가 되어야 하며, 결국 전략 기획 프로세스는 전략

적 이슈의 발굴부터 의사결정까지 너무 긴 시간이 소요되어서는 안
된다는 것이다. 결국 자신이 설정한 사업계획에 대한 정기적이고 주
기적인 모니터링을 통해 전략을 신속하게 수립 및 운영해야 한다.

⬇ 그림 1-3 **전략기획 프로세스**

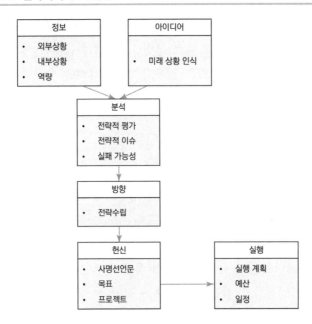

5. 창업과 딜레마

창업을 준비하는 예비창업자 혹은 기 창업자들은 자신의 아이디
어나 비즈니스 모델에 대한 근시안적 사고로는 넓은 세상을 이해하기
가 어렵다. 그래서 창업 전에 자신의 계획을 많은 사람들에게 이해시
키기 위해 검토나 확인이 필요하다. 심지어 이러한 과정을 거쳤음에
도 불구하고 자신의 아이디어가 세상을 변화시킬 수 있는 독창적이고

혁신적인 제품 혹은 서비스라고 자만에 빠지는 경우가 종종 있다. 창업을 하는 것은 기존의 기업들이 존재하는 시장에 자연스럽게 투입되는 과정이 아니고 새로운 제품에 대한 고객인식부터 필요한 과정이다. 이러한 과정을 거치면서도 창업 아이템이 고객에 대한 정의를 잘못 인식하고 시장을 들어가는 경우도 많다. 그렇게 한번 잘못 정해진 시장을 정정하지 못하고 영영 빠져나오지 못하는 경우도 있다. 이처럼 자신의 아이디어나 비즈니스 모델을 사업화하는 과정에서 실수를 범하고 있거나 오해하고 있는 경우가 있다. 그러한 오류를 정리하면 다음과 같다.

▨ 첫 번째, 고객에 대한 불명확한 인식

창업을 하려고 준비하는 과정에서 자신의 아이디어나 비즈니스 모델을 적용시킬 고객에 대한 정의를 명확하게 인식하고 있다는 것이다. 고객은 누구이며, 무엇을 필요로 하는가, 어떻게 제품이나 서비스를 팔아야 할지를 누구보다 잘 안다고 생각하고 있다. 이러한 내용을 자세히 들여다보면 자신의 아이디어 혹은 비즈니스 모델은 아직 고객이 없음을 인식하고 접근해야 한다는 것이다. 창업을 준비하고 있는 사람의 대부분이 그 분야의 전문가라 할지라도 고객, 고객의 문제, 비즈니스 모델에 대한 추측에 불과하다. 아직 자신의 것이 시장에 출시되지 않았기 때문이다. 창업을 한다는 것은 불확실한 시장에 자신을 노출시키는 것이다. 하지만 전통적인 사업 추진 전략은 창업가가 따라야 할 여러 가지 비즈니스 모델에 대한 가설을 마치 기존 시장에서 빗대어 확신을 하게 된다. 단 한 명의 고객과도 소통을 해본 적이 없는 상황에서 제품이나 서비스를 설계하고 예산을 투입하게 되면서 자신의 다양한 자원을 투입하게 된다는 것이다. 이러한 위험 요인을 극복하기 위해서는 현장 속의 고객과 소통을 통해 자신의 가설을 검증하는 과정이 필요하다.

두 번째, 고객이 어떠한 기능이 필요한지를 안다는 생각

이러한 생각도 결국 첫 번째 오류에서부터 시작한다고 볼 수 있다. 창업을 준비하고 있는 사람들은 모든 기능적 요소들을 파악하고 고객의 요구를 해결해 줄 수 있다고 생각한다. 창업가들은 현장으로 가지 않고 전통적인 개발 방법론이나 흔히 접하는 인터넷을 통해 고객의 니즈를 충족시키기 위해 자신의 지식을 투입한다. 그 기능적 특성에만 집중하다 보면 오히려 중요 속성이 아닌 부가적 요소로 집중되어 가치 제공에 대한 오류를 접할 수 있다. 제품 혹은 서비스에서 제공하고 있는 기능적 속성이 고객의 진정한 요구사항인지에 대한 인식이 중요하다. 이를 위해서는 고객과의 꾸준한 소통을 통해 진정한 시장의 수요를 발굴하고 이를 적용하기 위해 노력해야 한다.

세 번째, 우리는 제품 출시에 목숨을 건다

전통적인 신사업을 추진하는 전략적 입장에서 보면 제품의 출시 일정에 따라 모든 프로세스를 진행하게 된다. 마케팅 활동도 제품 출시를 위한 프로그램으로 진행되는 경우가 많다. 하지만 이러한 과정에서 발생할 수 있는 다양한 오류의 해결을 위한 노력보다는 출시할 제품의 유류를 최소화하는 과정으로 집중하게 된다. 혹시 투자 등과 연계되어 있는 상황이라면 더욱 출시일정에 맞춰 모든 것이 진행될 수밖에 없다. 그러는 과정 속에서 고객에 대한 판매와 구매의 이유를 이해하지 못하고 출시에만 집중을 하게 된다. 지금의 시도가 잘못되었다면 다른 시도를 통해 극복해보고자 하는 노력이 결국 반복적으로 실행되고 이러한 과정을 고객은 이해를 해줄 것이라고 생각한다. 근원적인 문제를 해결하는 것이 아니라 단편적인 접근으로 해결될 것으로 보는 생각은 커다란 오류이다. 출시 중심에 따른 고객에게 접근하는 것은 결국 처음부터 몇 번이고 다시 진행해야 할 전략적 오류를 반복하는 것이다. 그러는 동안 고객들은 이미 마음이 떠나가고 있다.

▨ 네 번째, 자신의 아이템에 대한 가설, 검증 등의 과정보다는 실행 강조

창업을 준비하는 과정 중에 스피디한 경영문화를 외치며 세상과 소통하고자 하는 경우가 많다. 틀린 말은 아니다. 급변하는 경영환경 속에서 생존하기 위해서는 변화에 대처하는 능력은 중요한 전략적 태도이기도 하다. 하지만 조직 내부의 다양한 경영 전략적 입장에서 보면 학습의 과정이 아니라 실행적 결과에만 치중을 하고 있다. 기존 시장에서 이미 사업을 추진하는 경우에는 조금 다르겠지만 창업을 준비하는 과정 속에서는 초기 자신의 가설을 검증하고 증명하는 과정을 통해 고객과의 소통하는 과정을 거치는 것이 좋다. 즉, 시장에 대한 정교한 탐색을 통해 자신의 아이디어나 비즈니스 모델을 확고하게 할 필요가 있다. 그 탐색은 결국 고객과의 지속적인 소통의 연속이다.

▨ 다섯 번째, 시행착오 혹은 오류를 인정하자

전통적인 사업추진 전략의 가장 큰 장점은 과정을 명확하게 제시하고 있다는 것이다. 하지만 자신의 이해관계인들에게 수익 혹은 성과에 대한 목표를 제시하고 이를 달성하기 위한 전략을 통해 수많은 과정을 거쳐 왔다. 하지만 그 과정을 수행하는 동안 발생할 수 있는 오류에 대한 접근과 이를 해결하기 위한 방안이 무시되고 무조건 진행되는 경우도 있다. 심지어 그러한 과정 속에서 어떤 내용이 잘못된 것인지도 모르고 진행되는 경우도 있다. 이렇게 자신에게 발생한 오류나 착오에 대한 인정보다는 결과를 빨리 창출하기 위하여 무리하게 진행시키는 것은 참 무책임한 일이다. 전략을 수행하는 과정에서 발생할 수 있는 실수나 오류를 발견하는 것은 어쩌면 행운일 수도 있다. 그 과정을 통해 학습효과를 얻을 수 있기 때문이다. 하지만 결과를 중요시하다 보면 다른 중요한 점을 간과할 수 있다. 오류의 발생이 어디이며 이를 해결하기 위한 전략적 접근방법은 무엇인지에 대한 의사결정을 제시할 수 없다는 점이 바로 그것이다. 반복과 확장을 통한 자신의 비즈니스 모델을 발견하는 기회를 갖는 경우도 바로 이런 경우를 통해서 확보할 수 있다.

▨ 여섯 번째, 전통적인 직책 고집 지양

창업을 하는 과정 중에 운영 중인 조직의 시스템은 기존 기업의 조직 운영체계를 그대로 활용하는 경우가 많다. 하지만 그러한 조직의 운영 체계는 기존의 시스템을 유지하기 위해 오랫동안 운영되어 왔다. 창업을 하면서 이런 기존 시스템에 너무 집착을 하게 되면 오히려 운영상의 오류를 범할 수도 있다. 가장 민첩해야 할 조직이 기존의 관습으로 효율성이나 신속성을 잃어버리게 되어 시장 진입에 실패할 수 있다. 창업 과정에서 발견하는 고객의 니즈에 대응하기 위해서는 실패를 통해 배우고, 위험하고 불확실한 상황을 인지하고 이를 적극적으로 대응할 사람이나 조직이 필요하다. 결국 조직 구성원들의 창의적이고 혁신적인 사고를 반영할 수 있는 환경을 구축하고 있는 조직이 필요한 것이다.

▨ 일곱 번째, 판매와 마케팅 활동 집중 지양

기존의 방식을 통해 운영 중인 기업들의 패턴을 기반으로 대규모 영업과 마케팅 활동을 수행하는 것은 창업기업에는 다소 무리가 될 수 있다. 사업계획서에 제시된 프로세스 기반의 많은 활동은 결국 제품 출시에 대한 내용이다. 그 출시일에 집중하여 다양한 마케팅이 진행되고 또는 다양한 방법으로 영업이 진행되어 자신의 제품을 고객들에게 알리는 과정을 수행한다. 이에 부합되는 수익구조도 설계를 하면서 많은 조직들이 그 과정에 투입이 된다. 이러한 전통적인 과정을 고수하는 것보다는 고객과의 소통을 위한 다양한 프로세스를 적용하는 것이 유용할 수 있다. 기존 시장에서의 마케팅 전쟁에서 승리하는 것도 중요하지만 자신의 시장에서 성공적으로 진입하기 위한 전략적 접근이 오히려 창업을 준비하는 혹은 창업을 한 기업에게는 필요하다. 기존의 시스템에 자신을 맞춰가는 마케팅은 기존의 거대 기업이나 조직에 경쟁우위를 확보하기 어렵다. 창업기업의 특성을 반영한 마케팅은 결국 고객과의 소통을 기반으로 하는 전략일 것이다.

░ 여덟 번째, 너무 빠른 성공 확신 지양

창업을 하고자 하는 사람들은 흔히 자신의 아이디어나 비즈니스 모델에 대한 확신으로 너무 일찍 성공을 예측하게 된다. 앞에서도 이야기했지만 창업기업은 기존의 기업이 가지고 있는 다양한 자원의 활용이나 전략적 적용이 용이하지는 않다. 기존 기업이 실행해 온 방식대로 계획하고 실행한다고 해서 모든 것이 다 잘된다는 보장은 없다. 자신은 새로운 시장에 이제 진입하는 신생기업임을 잊지 말아야 한다.

░ 아홉 번째, 결국 위기관리

창업 기업은 다양한 위험요소에 당면하고 있다. 이러한 위험요소로부터 자유로워질 수는 없다. 그 위험요소는 기존 기업들도 당면하고 있는 문제이기 때문이다. 그러나 기존 기업들은 자신들의 솔루션을 다양한 학습효과를 통해 해결할 수 있다. 하지만 창업 기업은 이러한 경험은 심각한 경우 실패로 돌아갈 수 있다. 자신에게 닥친 위기를 어떠한 방식으로 풀어갈 것인가의 문제 즉, 위기관리의 능력이 자사의 존폐를 결정짓기도 한다. 창업가의 경우 기존의 기업이 행해 온 위기관리 방식을 통해 접근하는 것은 시장에서 적합하지 않은 방식이 될 수 있으며 오히려 많은 비용과 시간이 발생할 수 있다는 것을 인식해야 할 것이다.

이상, 창업기업들이 범할 수 있는 오류의 내용을 알아보았다. 결국 기존 기업의 방식을 일방적으로 따라할 필요도, 급진적인 방식으로 모든 것을 버릴 수도 없다. 오직 고객과의 소통을 통한 시장에서의 성공적인 진입을 할 수 있는 자신만의 방법을 찾는 역량을 추구해야 한다.

6. 새로운 시작을 위한 작은 협주곡

최근 들어 사회 환경의 변화와 조직문화에 대한 혁신으로 창업에 대한 인식이 많은 사람들이 창업에 대해 관심을 갖기 시작했다. 오래전부터 정부의 다양한 부서에서 창업을 지원해오고 있었지만 안정적인 직장을 쉽게 떨치고 나오기가 어려웠던 것이 사실이다. 창업을 하다가 잘못되면 엄청난 꼬리표를 달고 다니게 될 국내 상황임에도 불구하고 최근 이러한 창업시장의 위축을 예상하면서도 응답자의 70.1%는 향후 창업에 도전할 의향이 있다고 답했다. 이들은 창업을 희망하는 가장 큰 이유로 퇴직 걱정 없이 평생 일할 수 있어서(24.5%)를 꼽았다. 이어 직장생활을 하는 것보다 큰돈을 벌 수 있을 것 같아서(24%)가 근소한 차이로 뒤를 이었으며, 자유롭고 여유롭게 일하고 싶어서(15.8%), 성취감, 만족감 등을 느끼고 싶어서(13.0%) 순으로 이어졌다.

이처럼 창업을 하고 싶은 의지는 많은데 어디서, 어떻게, 그리고 어떤 방식으로 시작할지를 몰라서 고민하거나 실제로 방황하는 창업가들을 만나곤 한다. 창업은 바라보는 관점에서는 매력적이고 근사한 모습이기는 하지만 본인이 직접 창업자가 된다는 것은 그리 쉽지 않은 과정의 연속이며 위험한 창업생태계의 표적이 될 수 있다는 위기의식이 자리 잡고 있다. 수많은 창업에 대한 강좌나 정보가 쏟아져도 어느 하나 자신에게 도움이 될 것 같은 생각을 하지 않거나 접근조차 하지 못한다.

창업은 하나의 오케스트라를 연주하는 지휘자의 모습과도 같다. 오케스트라는 다양한 악기와 가수를 적절하게 편성해서 조율과 하모니를 창출해 가는 과정이다. 현악기, 관악기 그리고 목관악기 등의 다양한 음색을 잘 이해하고 주어진 오선지의 악보에 따라 해석하는 것이 지휘자의 몫이다. 심지어는 전통적인 클래식 시장에 최신 장르까지 접목시켜 고객들을 만족시키기 위한 다양한 시도가 일어나고 있다. 그동안 한정된 전통적인 시장을 허물고 새로운 시장으로 도전하는 시도는 꾸준히 일어나고 있다. 지휘자는 각각의 악기 배치, 강약 조절, 하모니 조율, 심지어 표정까지도 정확하게 지시하여 곡을 해석해 나가는 사람이다. 기존의 다양한 시장요인이 있음에도 지휘자가 어떠한 방식으로 해석하느냐가 곡의 성패를 좌우하기도 한다. 이것이 그 지휘자의 전략적 접근이 필요하고 실행하는 역량이기도 하다. 지휘자는 같은 곡을 수많은 시간과 노력을 들여 반복하고 학습을 통해 그 완성도를 높이고자 한다. 자신의 곡을 전개하기 위해서 다양한 작업을 한다. 음악의 완성도를 높이기 위하여 연주자 섭외, 악기의 구성, 음악의 진행 구조, 선곡 등을 기획하고 이를 참여자와 관객에게 공유하고자 계획서를 작성한다. 결국 오케스트라 구성원들과 함께 만들어가는 아름답고 때로는 웅장한 선율을 위해 정교한 계획을 세우고 이를 실행한다.

우리가 아는 시장 환경도 마찬가지이다. 내부 환경뿐만 아니라 외부환경을 이해하고 이들의 정보로부터 시장을 이해하고 자신의 역량을 극대화시킬 수 있는 방안을 찾는 것이 창업의 과정이다. 그 과정을 지속적으로 반복하고 단점을 극복하기 위한 노력들이 창업을 안정적인 상황으로 운영하게 할 수 있다는 것을 명심해야 한다.

　결국 창업도 노력이 필요하며 전략적으로 접근하고 이를 주기적으로 점검하고 반영하여 시장 환경 속에서 지속가능한 모델로 자리 잡기 위한 자신과의 끊임없는 과정이다.

■ 그림 1-4 **창업은 한 편의 오케스트라를 연주하는 공연이다!**

01장

멀리 보는 사람이 성공한다

새로운 일을 시작할 때에는 많은 준비와 고민을 하게 마련이다. 그런데도 좋은 결과를 낳는 것보다 많은 부분이 실패하는 경우가 많다. 지금 시장에서 잘 팔린다고, 요즘 잘나가는 물건이니까 하고 시장에 진입하다 보면 분명히 탈이 나게 된다. 그래서 무슨 일을 할 때에는 철저한 계획을 세우고 그 결과를 위해 살펴볼 수 있는 과정이 필요하다. 우리가 달성하고자 하는 일에는 계획과 순서가 있기 마련이다. 그래서 계획서는 자신을 살펴볼 수 있는 등대와 같은 역할을 하게 되는 것이다.

논어에 보면 이와 같은 이야기가 나온다.

人無遠慮(인무원려)면 必有近憂(필유근우)니라.

당장의 이익에 눈이 멀어 혹은 현재의 상황에 직면하고 있는 현실에 매몰되어 멀리 그리고 미래를 생각하지 않으면 반드시 근심이 생긴다는 뜻이다. 즉, 계획과 실천을 통해 가까운 미래부터 먼 미래까지의 모습을 그릴 줄 알아야 한다는 말이다. 즉흥적인 사업은 성공할 수 없다. 멀리 보고 생각하는 습관을 통해 지금보다 조금은 안정적인 모습을 갖출 수 있을 거라 생각한다.

사업기획의 노하우

숨은 그림 찾기

김수진

가느다란 빛이 새벽 공기를 가르며
아침을 조용히 흔들어 깨우는 순간
아무도 모를 신비한 오늘의 역사가 눈을 뜬다

오늘이라는 하루는 어제와 닮기는 했지만
시간의 미로에 올라 깊숙이 들어갈수록
한번도 가보지 못한 낯선 신비로운 세계다

어디로 가야할지 어떻게 해야할지
누구도 모르는 인생이다
회상과 상상 사이에 오늘의 다리를 건넌다

산다는 건 정답없는 삶에 가려져있는
나의 길을 풀어내는 일이다
작든 크든 결단이 필요한 일이다
지금 이순간이 나에겐 숨은 그림 찾기다

- "기억이 추억한다" 中에서 -

1. 사업기획에도 노하우가 있다

사업계획서를 몇 번 제출해본 사람이라면 대부분 지역 퀵서비스 업체의 위치와 밤늦은 시각에도 물건을 픽업해주는 곳이 어디인지, 24시간 영업하는 복사 가게가 어디인지, 어떻게 하면 프린터 여러 대를 동시에 작동시켜 계획서 제출을 하기까지의 시간을 절약할 수 있는지를 경험했을 것이다.

하지만, 이러한 과정이 사업기획 프로젝트를 다루는 방법이라고 생각한다면 아주 큰 오산이다. 그만큼 복잡한 계획서를 다루는 것은 정말 악몽 같은 일이기 때문이다.

정신건강을 위협할 수도 있으며, 얻는 것보다 그 과정에서 훨씬 더 큰 대가를 치르는 이른바 '피로스의 승리'를 겪어야만 한다. 따라서 복잡한 절차를 보다 간소화하고 체계적으로 운영할 수 있는 잘 짜인 사업기획이 필수적이다.

기획을 알면 성공이 보인다

기획이란 어떤 목표를 정해서 그 목표에 도달하기 위해 행하는 <구상>, <제안>, <실천>의 모든 업무를 뜻한다. 모든 사업을 계획하는 단계에서 혹은 그 이전부터 사업에 대한 기획은 형식적이든 비형식적이든 체계적인 절차를 갖추었든 그렇지 않든 간에 반드시 이뤄진다. 그리고 기획이 필요성 여부를 따지기 이전에 예비창업자라면 보다 체계적이고 정리된 '무언가'가 가시적으로 이뤄져야 한다는 것을 실감하기 마련이다. 여기서 중요한 점은 '기획'하는 단계에서 보다 확실하게 보여줘야 하고 또 그 과정을 통해 예비창업자가 사업에 대한 확고한 체계를 구축해야 한다는 것이다.

기획은 이러한 체계화의 필요성에서 비롯된다. 나아가 구체화된 기획은 실패를 미연에 방지할 수 있을 뿐만 아니라 향후 발생할 수 있는 문제점을 예측하고 미리 대책을 마련해볼 수도 있으며 이는 업무를 홍보하는 데 있어서도 큰 도움이 된다. 그리고 궁극적으로 정부나 관공서 및 투자자 등 설득의 대상에게 보다 시스템화된 기획을 알려줄 수 있으며 잘 짜인 기획서를 통해 그 대상들과 커뮤니케이션을 하는 데도 보다 큰 효과를 기대해볼 수 있다.

기획의 효용성

+ 관리의 수단
+ 미래의 대비
+ 효율의 극대화
+ 효과적인 성과 측정
+ 가용자원의 효율적인 활용
+ 전체 운영 상황의 명확한 파악

기획

| 자신의 행동을 통하여 보다 훌륭하고 뛰어난 성과를 얻기 위한 지혜(지적 생산의 종합 기술), 또는 지혜를 활용한 창조 행위 | 조직활동을 통하여 실적을 향상시키기 위한 지혜(지적 생산의 종합 기술), 또는 지혜를 활용한 창조 행위 |

개인적 차원

조직적 차원

기획의 특성

+ 업무의 과정 → 준비의 과정 → 의사결정과정
+ 행동지향 → 미래지향 → 목표지향 → 최적수단 제시

▨ 21C 경영환경 이해와 패러다임 연구

⬆ 패러다임 따라잡기

구분	농업화사회	공업화, 산업사회	정보화사회	지식/창조화사회
물결	제1의 물결	제2의 물결	제3의 물결	제4의 물결
인간의 외부화	발	손	눈, 귀, 입	머리(두뇌)
발전의 원동력	석기, 청동, 철기	칼로리, 동력	비트(메모리)	창의력(지력)
국력	군사력, 무력	정치, 경제, 자금력	정보력	지식축적, 창조력
Key words	Reading	3R Reading, wRiting, aRithmatic	3C Change, Competition, Customer	4C Computer, Communication Creation, Collaboration
직업관	평생직장, 한직장, 회사		평생 직업, 여러직장, 직업	
일하는 방식	농업직 근면성, Work Hard Doing Thing Right, 체력		Work Smart, Doing the Right Thing, 전략적 선택과 집중, 두뇌력	
인재성	부지런함, 체력, 근면 체력은 국력: 부인	열심히, 블루칼라, 비빙성 공부, 규격품, 문인/부인	화이트칼라, 세계인, 정보인, 인재	
교육방식 변화	씨족공통체 도제식 전수 (개인지도, 독선생)	Job Skill Training (Military식)	공식제도교육, 학교교육 원격교육	
학습방식 변화	Learning by Teaching Learning How to Imimtate	Learning by Reading Learning How to Follow Rules	Learning by Doing Learning by benchmarking Learning how to Learn	Learning by Networking Learning by Navigating Learning How to Learn

⬇ 재미있는 트렌드 따라잡기

+ 취사(就社)에서 취업(就業)으로, 일생일사(一生一社)에서 일생다사(一生多社)로, 화이트칼라에서 골드칼라, 다이아몬드칼라로, 갈등과 경쟁에서 상생(相生)과 공생(共生)으로, 양(量)에서 질(質)로, 아날로그(Analog)에서 디지털(Digital)로,

+ 효율(Efficiency)에서 효과(Effectiveness)로, 중후장대(重厚長大) 경박단소(輕薄短小)에서, 미감유창(美感遊創) 본화편정(本和便精)으로, 소품종 대량생산에서, 다품종 소량생산으로,

+ 빨리에서 먼저로, 백인일색(百人一色)에서 일인백색(一人百色)으로, 일물일가(一物一價)에서 일물다가(一物多價)로 생산자 중심에서 고객 중심으로, 하드(Hard)에서 소프트(Soft)로, 스톡(Stock)에서 플로우(Flow)로,

+ Know How에서 Know What, Know Where로, 나홀로에서 융합으로, 볼륨(Volume)에서 밸류(Value)로, 아톰(Atom)에서 비트(Bit)로, 수직에서 수평으로 키워드(Key-Word)가 바뀌고 있고 이와 함께 트렌드(Trend)도 변하고 있다.

기획의 3요소 및 5단계 프로세스

기획의 3요소	기획의 5단계 프로세스

+ 창조성

+ 현실성

+ 논리성

기획의 5단계 프로세스

1단계	목적의 명확화	
2단계	가설 설정	What
3단계	정보수집 및 분석	
4단계	아이디어 발상	How
5단계	컨셉 정리	

기획능력의 기본요소

+ 정보 수집력
+ 분석력
+ 예지력
+ 창조력
+ 표현력
+ 설득력
+ 판단력
+ 실현력
+ 기획의 주 분야 커뮤니케이션 → 마케팅 → 정보시스템 → 사업기획 →
오피스 플래닝

기획 / 아이디어 / 계획의 차이점

아이디어	기획	계획
단발적	종합적, 유기적	구체적, 세부적
무 방향성	업무 방향성 창조	창조성

기획의 기본 프로세스

+ 기획의 Needs와 Wants 탐색
+ 아이디어 발상
+ 기획안 구상
+ 기획서 작성
+ 기획안의 실행

+ 기획의 테마 선정
+ 기획의 컨셉트 정리
+ 기획 구상의 정리
+ 프레젠테이션(Presentation)

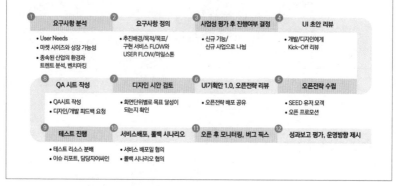

① 요구사항 분석	② 요구사항 정의	③ 사업성 평가 후 진행여부 결정	④ UI 초안 리뷰

• User Needs
• 마켓 사이즈와 성장 가능성
• 종속된 산업의 환경과
  트렌트 분석, 벤치마킹
	• 추진배경/목적/목표/
	  구현 서비스 FLOW와
	  USER FLOW/마일스톤
		• 신규 기능/
		  신규 사업으로 나뉨
			• 개발/디자인에게
			  Kick-Off 리뷰

⑧ QA 시트 작성	⑦ 디자인 시안 검토	⑥ UI기획안 1.0, 오픈전략 리뷰	⑤ 오픈전략 수립
• QA시트 작성 • 디자인/개발 피드백 요청	• 화면단위별로 목표 달성이 되는지 확인	• 오픈전략 배포 공유	• SEED 유저 모객 • 오픈 프로모션

⑨ 테스트 진행	⑩ 서비스배포, 롤백 시나리오	⑪ 오픈 후 모니터링, 버그 픽스	⑫ 성과보고 평가, 운영방향 제시
• 테스트 리소스 분배 • 이슈 리포트, 담당자어싸인	• 서비스 배포일 협의 • 롤백 시나리오 협의		

뛰어난 기획의 조건

+ 신선한 아이디어 × 실현가능성 × 설득력 × 추진력 = 큰 기대 효과
+ 신선한 아이디어를 창출하는 힘 = 창의력 / 발상력
+ 실현 가능하도록 구체적으로 마무리하는 힘 = 계획력
+ 다른 사람에게 공감을 얻을 수 있도록 하는 힘 = 설득력
+ 실행으로 옮겨 경영성과를 증명하는 힘 = 추진 / 실행력

뛰어난 기획자의 빅 5

+ 기획하는 대상(테마)의 냉철한 결정력
+ 기획에 관한 풍부한 아이디어와 발상력
+ 아이디어를 구체적인 기획 안으로 Documentation하는 능력
+ 기획을 제안하고, 실행하게 하는 능력
+ 기획을 실행하는 능력

기획안의 기본 구성도

+ 기획 도입부 3 (표지 / 머리말 / 차례)
+ 기획의 개요 (컨셉트 지도)
+ 기획의 의도 3 (기획의 배경 / 기획의 목적 / 기획의 목표)
+ 컨셉트 (컨셉트)
+ 기획의 구상 3 (구체적인 전체 방향 / 각각의 구체적 방안 / 대체 방안 리스트)
+ 실행 계획 3 (스케줄 / 예산 / 스태프)
+ 참고 자료 (권말 부록 / 별책 부록)

기획의 기본 과정

+ 제 1단계 → 발 상
+ 제 2단계 → 분 석
+ 제 3단계 → 구 상
+ 제 4단계 → 실 행

제 1단계 - 발상이 기획을 부른다

+ 과제를 뽑아낸다
+ 기획 테마를 파악한다
+ 현상을 파악한다
+ 정보를 수집 분석한다
+ 발상법을 배워라
  - 만다라법
  - 브레인 스토밍
  - 렌덤메모리법
  - 체크리스트법
  - KJ법 / NM법

제 2단계 - 철저한 분석이 성공씨앗이다

+ 컨셉트를 정한다
+ 기획을 착안한다
+ 아이디어를 낸다
+ 현상을 분석하라
  - 현상을 파악하라
  - 수집 정보와 조사정보
  - 분류를 하라
  - 내부 환경과 외부환경을 접목하라
  - 정리를 하라
  - 수집/조사/정보정리 방법을 생각하라
  - 분석하라
  - 현상을 파악하라

"

제 3단계 - 구상이 바로 기획이다

+ 계획을 세워라
+ 아이디어를 정리하라
+ 기획서를 작성하라
+ 구상이 萬事다
  - 아이디어 (아이디어 전부를 내놓아라)
    1, 2, 3, 4, 5
  - 서열화 (유용한 아이디어 순으로)
  - 구조화 (유기적인 관계로 조립)

"

제 4단계 - 일단 실행을 하라

+ 프레젠테이션을 준비하라
+ 기획안을 실행에 옮겨라
+ PR을 하라
+ 프레젠테이션을 실시하라
+ 실행 萬事
  - 실행 계획 3요소
  - 스케쥴 (진행 실행 예정)
  - 스태프 (인원 체제)
  - 예산 (비용 수익)

확고한 기반 구축

성공적인 계획서는 훌륭한 세일즈 및 마케팅을 토대로 한다. 이전에 관계를 구축하지 못했거나 포지셔닝 및 브랜드 구축을 효과적으로 수행하지 못했다면, 혹은 해당 기회에 대한 정보를 수집하지 못했다면, 계획서 자체로 사업을 따낼 가능성은 희박하다. 따라서 계획서 작성에 착수하기 훨씬 전부터 막대한 '사전' 탐색 활동이 수행되어야 한다.

여러분이 계획서를 작성해야 한다고 가정해보자. 여러분은 확보할 수 있는 모든 정보와 통찰력을 얻기 위해 최대한 신속하게 돌진해야 한다. 일반적인 자료를 통해 어느 정도의 데이터, 즉 사실적 정보를 얻을 수 있다. 운이 좋으면 전담기관의 내부 사람이나 내막에 밝은 사람으로부터 정보를 얻어 데이터를 보강할 수도 있다. 이처럼 데이터와 내부 정보가 합쳐지면 전담기관과 해당 기획에 대한 균형 잡힌 이해를 얻을 수 있을 것이다. 대개의 경우 데이터는 내부 정보보다 얻기 쉬우므로 먼저 데이터를 확보하려 노력하는 것이 합당하다. 그렇다면 데이터는 어디에서 찾아야 하는가?

전담기관의 웹사이트에서 출발해라. 검색 엔진에 전담기관의 이름을 입력해서 보도자료나 뉴스 기사를 찾아보라. 그들이 공개적으로 과제 및 추진사업의 공고와 소개 내용을 찾고, 다양한 과제 및 사업 관련 보고서에 접근할 수 있을 것이다. 준비기간이 충분하다면 보도 관계자용 자료집과 주관부처의 추진방향, 홍보 브로슈어나 보도자료도 확보할 수 있을 것이다. 해당 부처나 기관의 당면 문제나 자금 규모, 목표, 주요 사업대상층, 그들의 부처문화에서 높이 평가하는 가치의 종류, 전년도의 주요 계획안, 기본적인 해당 업계의 최근 사업이나 성과에 대해서도 정보를 얻을 수 있다.

사업제안 계획(사업 공고문)을 검토하라

공식 사업제안 계획에 대응하는 경우라면 사업제안 계획이 말하는 바와 당신이 요청받은 바를 즉시 분석해야 한다. 사업제안 계획을 받는 즉시 꼼꼼히 읽어보고 7단계 과제 분석 과정으로 분석을 시작하여 핵심문제에 도달할 수 있도록 하라.

단계별 사업제안 계획 분석 프로세스는 유망과제(사업)를 분석하는 유용한 수단이 될 수 있다. 여기서는 9단계로 나눠 살펴보기로 한다.

1) 사업제안 계획의 범위와 요구를 전반적으로 이해하기 위해서 사업제안 계획 전체를 빠른 속도로 읽어보라.

2) 사업제안 계획 문서의 여백이나 별도의 종이에 사업제안 계획에 포함된 명백한 모순이나 불일치를 메모하라.

3) 사업제안 계획 콘텐츠를 다음과 같이 분류하라.

   A. 관리상의 정보 : 세부계획과 설명회 시간 및 장소, 평가 시간 및 장소, 계획서 부수, 마감일, 일정, 계획서 발송 주소 등. 이 정보는 계획서를 완료해야 하는 최종 마감일을 정하는 데에도 반드시 필요하다.

   B. 법적 요구사항 : 제한조건, 제안사(기업)에 관한 요구사항, 사업비 지급 일정, 결과물의 소유권, 증명과 위임 등을 포함하여 계약을 좌우하는 조항이나 명세. 이 정보는 당신이 과제계약조건이나 그 밖의 결정적인 조항을 준수할 수 있는지 여부를 결정하는 데 매우 중요하다.

   C. 포맷에 관한 지침 : 사업제안 계획이 요구하는 혹은 권장하는 페

이지 수와 글자 크기, 여백, 색깔 사용에 대한 규제, 그래픽에 관한 지침 등의 정보. 이 정보는 당신의 계획서를 구상하고 발행하며 적절한 시각자료로 입증하고 핵심 부문의 분량을 결정하는데, 그리고 글을 다듬는 데 중요한 기준이 된다.

D. 콘텐츠에 관한 요구사항 : 일의 범위 및 기술적인 요구사항, 반드시 포함되어야 하는 부문, 평가 기준, 필요한 증거, 관리 계획 등을 포함하여 솔루션 전개에 지침이 될 만한 정보나 명세. 이 정보는 계획서의 실질적인 콘텐츠를 규정한다는 점에서 중요하다. 이 정보를 활용하여 평가지표를 작성하고, 핵심 전략이나 성공 목표를 결정하고, 점검항과 요구사항 체크리스트를 만들어라.

4) 사업제안 계획이 명확하게 구성되지 않았다면 다양한 종류의 정보를 위의 3단계에서 구분한 범주로 분류하여 재구성하라.

[주의] 사업제안 계획을 재구성하는 것은 단지 보다 논리적인 문서를 만드는, 당신만을 위한 과정임을 명심하라. 답변을 할 때에는 원래 사업제안 계획대로 따라야 한다.

5) 전담기관의 요구사항 체크리스트를 작성하라.

어떤 요소가 반드시 필요한 요구사항인지 여부를 어떻게 알 수 있는가? 적절히 작성된 사업제안 계획은 반드시 필요한 사항 혹은 의무적인 사항과 단순히 '기대되는' 사항을 명확히 알려줄 것이다.

6) 사업제안 계획에 사용된 용어를 정의하라.

A. 전문용어

B. 조직의 이름이나 조직 사이의 관계(부서, 팀, 참여기관, 협력기관 등)

C. 일반적인 의미와 다른 뜻으로 사용된 전문용어

7) 독점적인 정보나 기밀 정보와 관련된 법적 요구를 비롯하여 사업제안 계획에서 당신이 충족시킬 수 없는 요구나 지시에 별도로 표시하라.

과제 선정을 위해 요구사항이나 지시를 100퍼센트 따를 필요는 없다. 그렇다고는 해도 사업제안 계획에 기술된 기대치와 요구사항은 반드시 주지해야 하며 당신이 충족시킬 수 없는 혹은 충족시키지 않을 내용에 대해서는 이의를 제기해야 한다.

8) 사업제안 계획에서 모호한 부분과 모순되거나 애매한 요구사항, 사업제안 계획 본래의 목적에서 벗어난 듯한 요구들을 열거하라.

사업설명회가 열린다면, 이러한 사항이 설명회에서 제기할 질문의 토대가 될 것이다. 또는 담당간사나 전담기관에게 명확한 설명을 요청하는 이메일 메시지의 제목 및 통화의 내용이 될 수도 있다.

9) 모호하거나 모순되는 항목, 이해할 수 없는 용어, 의문점, 그 밖에 설명이 필요한 사항을 전담기관에게 보내거나 설명회에서 제기할 수 있도록 정리하라.

계획서를 작성하기 전에 현명한 결정을 내려라

과제관련 제안서가 있다면 제안서를 분석하고 나서, 과제를 추진하기로 결정했다면 먼저 기관(관련부처)의 기대목표를 검토하고 나서, 계획서를 작성하기 전에 반드시 결정해야 할 중요한 사항이 두 가지 있다.

A. 과제에 참여할 가치가 있는 일인가?
B. 이 과제계획서에 어느 정도의 노력을 투자해야 하는가?

본격적으로 사업기획에 착수하기 전에 현명한 판단을 내림으로써 많은 시간과 비용을 절약할 수 있으며, 당신에게 최대의 가치를 가져다주는 과제를 목표로 한다는 확신을 가질 수도 있다.

참여 여부 분석을 실행하라

가장 기본적인 결정은 참여를 하느냐 마느냐이다. 기업이든 개인이든 승산도 없는 기회를 놓고 계획서를 만드느라 엄청난 시간과 비용을 낭비하는 경우가 허다하다.

좋은 계획서는 비용이 많이 든다. 막대한 시간이 투입되며, 귀중한 자원을 허비할 수도 있다. 그러니 시작하기 전에 현실적인 관점에서 검토해 봐야 하지 않겠는가? 성공 가능성을 따져볼 때 정말 합당한 일인가? 과제에 선정된다면 계획서에서 약속한 사항을 이행할 수 있는가? 그리고 수익을 낼 수 있는가?

'승산이 없는' 상황에서의 경쟁은 진정으로 개방적이지도 공정하지도 않다. 반드시 성사시키고 싶지는 않은 과제라면, 혹은 적어도 조금 더 생각해본 다음 절실한 과제가 아니라는 결론에 도달한다면 포기하는 것이 현명하다. 모든 과제가 가치 있는 것은 아니라는 점을 직시할 필요가 있다. 일부 전담기관의 경우, 지나치게 많은 것을 요구해서, 과제관리 비용이 너무 많이 들어서, 전담기관의 과제 방식이 근본적으로 부당해서 차라리 참여에서 떨어지는 편이 더 나았겠다는 생각이 들기도 한다.

이런 실수를 피하려면, 체계적이고 탄력적인 참여 여부 분석을 수행하라! 그러기 위해서는 다음과 같은 평가 방식을 적용해서 자신만의 참여 여부 분석 계획을 발전시켜라.

1. 우리가 현재 이 사업제안 계획에서 요청하는 기술이나 서비스를 공급할 수 있는가?

통계적으로 현재 과제를 수행했던 또는 수행하고 있는 업체의 약 90퍼센트가 참여에서 다시 승리한다. 따라서 새롭게 참여하는 기업은 과제선정 부문에서는 그 확률이 비교적 낮지만 현재 과제를 수행했던 또는 수행하고 있는 업체가 훨씬 더 유리한 것은 사실이다. 의사결정자는 현재 경쟁업체들과 비교해서 과제 수행 업체로부터 눈을 돌리게 만들 만큼 절대적으로 우수한 가치를 입증하는 사업계획이 필요하다.

2. 전담기관이 현재 수행업체의 성과에 만족하는가?

현재 제안업체의 성과가 형편없어서 전담기관이 그 결과에 만족하지 못하는 상황이라고 해도 현재 수행업체는 여전히 절반은 이기고 들어가는 셈이다. 그러나 상식적으로 생각하면, 현재 수행업체가 형편없다면 당신의 승률이 훨씬 더 높아진다.

3. 고객이 현재 수행업체의 성과에 만족하지 못하는 경우, 사업제안 계획에서 그러한 문제를 다루고 있는가?

사업제안 계획이 현재 수행업체의 성과에 존재하는 문제를 해결하기 위해 발행된 것이라면 당신에게는 좋은 기회이다. 물론, 수행업체를 바꿀 생각도 없으면서 단지 현재 수행업체에게 자극을 주는 채찍으로 활용하기 위해 사업제안 계획을 발행했을 수도 있다. 그러나 분명히 시도해볼 가치는 있다.

4. 우리가 고객과 강력한 관계를 맺고 있는가?

계획서의 성공여부를 가장 확실하게 예측할 수 있는 단 한 가지 요소는 바로 고객과 강력한 관계를 맺고 있는지 여부다. 관계를 맺고 있다면 승률은 40퍼센트 이상이지만, 관계가 전혀 없다면 승률은 10퍼센트에도 미치지 못한다.

5. 이 사업제안 계획은 우리의 강점 중 하나와 연관되는가?

   당신은 증명할 수 있는 차별성을 갖췄는가? 이전의 성공을 강력한 증거로 제시할 수 있는가?

6. 사업제안 계획이 경쟁사(어떤 특정 업체)쪽으로 치우친 듯이 보이는가?

   제시된 요구사항이 경쟁사에게 훨씬 더 유리한 편인가? 사업제안 계획에 경쟁사가 사용하는 용어들이 있는가? 당신의 경쟁사가 전담기관에게 제공한 사업제안 계획 샘플의 일부가 발행된 사업제안 계획에 사용되었을 수도 있다. 그러나 특정한 업자에게 유리한 콘텐츠가 존재하는 것은 주의해야 할 신호임에 틀림없다.(지정공모 과제 등)

7. 해당 프로젝트 혹은 기회에 매칭 자금이 필요한가?

   기회의 이면에 매칭 자금이 뒷받침되고 있는지 확인하라. 해당 프로젝트에 자금이 전혀 제공되지 않는다는 사실을 뻔히 알면서도 아무렇지도 않게 계획서를 작성하도록 만드는 사람도 분명 있다.

8. 자금이 제공되지 않는다면 수행업체의 예산 내에 이용 가능한 자금이 포함되어 있는가?

   해당 자금이 다음 회계연도의 예산으로 할당되었을 수도 있다. 어느 정도의 판단력이 요구되겠지만 수행업체의 CEO 및 중역 한두 명으로부터 확인을 받을 수 있다면, 특히 그가 재정권을 쥔 사람이라면, 그 자금은 존재한다고 봐야 한다.

9. 회사 전체가 진지하게 참여 결정에 임하는가?

   단지 정보 수집 활동에 불과한 것은 아닌가? 우리기업의 제품 및 기술 분야에 해당 결정을 추진시킬 만한 강력하고 절박한 사건이 존재하는가?

10. 이 프로젝트를 완성하기 위해 우리가 막대한 시간과 돈을 투자해야 하는가?

   참여하지 말라는 얘기가 아니다. 하지만 이것은 사업의 잠재적인 수익성에 영향을 미칠 수 있다. 그리고 이번 사업을 확보함으로써 한동안 다른 기회를 추구할 수 없게 될 수도 있다.

11. 이 사업을 확보함으로써 우리 자신의 목표가 증진될 수 있는가?

   당신의 회사는 어디로 나아가기를 원하는가? 어떤 시장에 들어가기를 원하는가?

12. 이 사업이 앞으로 회사의 핵심적인 제품이나 서비스가 될 가능성이 있는가?

   과제수행의 성공으로 사례연구 대상이 될 만한 일류 고객을 확보하는 것은 앞으로의 판매에서 매우 귀중한 자산이 될 것이다.

13. 이 기회를 확보하는 것이 우리의 경쟁사에게 특히 해가 되는가?

   경쟁사의 가장 중요한 고객 및 시장을 빼앗을 기회를 갖게 되는가? 그들을 어느 지역에서 혹은 시장에서 제외시킬 수 있는가?

14. 참여하겠다는 우리의 결정에 영향을 미치는 강력한 정치적 고려사항이 존재하는가?

   어떤 기회에 '참여하지 않는다'면, 당신의 경쟁기업이 그 시장과 서비스를 독점하고 시장의 지배력을 가지기 때문에 전략적으로 참여할 수도 있다.

▓ 적절한 노력의 수준을 결정하라

참여 여부를 결정한 다음, 두 번째로 내려야 할 중요한 결정은 해당 기회에 얼마나 열심히 임해야 하는가이다. 앞서 열거한 질문의 일부 혹은 당신이 평소에 참여 여부를 분석할 때 사용하는 질문을 토대로 한 의사결정 분석 과정은 해당 참여에 투자할 노력의 수준을 결정하는 데 도움을 줄 수 있다.

참여결정은 4단계로 나눌 수 있다.

첫째, 가장 높은 단계에 있는 최고의 기회라면 우리는 열렬한 헌신과 집중적인 노력을 투자해야 한다. 이런 경우라면, 전담기관이 요구하는 제안 계획에 꼭 맞는 사업제안 계획서를 작성해야 할 것이다.

둘째, 그 다음 단계의 기회는 개방적이고 공정한 경쟁의 장이 될 수 있을지 몰라도 실질적인 성공 가능성은 비교적 낮다고 볼 수 있다. 이런 기회는 시간과 노력을 조금 더 아끼는 편이 현명하지만 최대한 고객에게 맞는 맞춤형 계획서를 전달하려 노력하라. 가장 높은 단계의 기회와 차이점이 있다면, 상투적인 표현이나 일반조항을 조금 더 많이 사용해서 콘텐츠를 고객에게 꼭 맞게 재단하는 편집 시간을 절약해야 한다는 것이다.

셋째, 그 다음 단계는 수많은 경고 신호가 존재하는 지대이다. '참여를 포기'할 수도 있는 단계지만, 일단 참여하기로 결정했다면 일반적인 계획서, 즉 기존의 회사 내부 소통용 작성 시스템으로 만든 계획서에 몇 가지만 간단히 수정하여 제출할 것을 고려해야 한다(경쟁율이 매우 낮는 것으로 판단된 과제).

넷째, 가장 낮은 단계인 경우에는 참여를 포기하는 것이 마땅하다. 이 경우에는 그저 해당 기회가 우리에게 적절하지 않은 듯하다는 고민을 하지 말고, 과감히 포기하는 것이 담당자 입장에서도 필요하다. 고민도 낭비이다.

▨ 계획서 일정을 세워라

제출 기한을 철저히 지키려면 당장 일정을 세우고 그것을 기준으로 진행 상황을 꾸준히 점검하라. 계획서 일정을 효과적으로 세울 수 있는 몇 가지 기준을 제시해본다.

1. 최종 초안이 완성되어 제작에 들어갈 준비를 완료해야 하는 '최종마감일'을 파악하라.

2. 인쇄 완료 일정을 잡아라. 긴급한 상황이나 문제가 생길 것에 대비해 적어도 1, 2일 가량 여유 시간을 포함시켜라.

3. 대규모 프로젝트라면 마이크로소프트 프로젝트 등의 툴을 사용하여 일정 차트를 만들어라.

4. 순차적이 아닌 '동시다발적'으로 수행할 수 있는 기회를 찾아라.

5. 최초 초안에 대한 기술적인 검토와 최종 초안에 대한 모의평가를 위해 꼭 시간을 할애하라.

6. 가능하다면 손에 익은 소프트웨어나 디자인 템플릿, 요구이행 체크리스트 등의 노동 절약 수단을 활용하라.

7. 당신과 함께 프로젝트에 참여하는 사람들에게 전담기관와 경쟁사, 핵심 사안, 전략, 성공주제 등을 비롯하여 필요한 정보를 모두 제공함으로써 처음부터 중요한 일을 수행할 수 있는 권한을 위임하라.

팀을 구성하라

오직 '나'만을 위한 계획서를 작성한다면 팀을 구성한다는 말조차 필요없을 만큼 간단할 것이다. 커피 한 잔을 들고 '차 한잔 하면서 애기 좀 할 수 있을까?' 말을 건넸을 때 관심을 갖고 모여든 이들에게 허심탄회하게 고민을 털어 놓을 수 있다. 물론 모여든 이들이 내 애기에 빠져들어 메모를 하고 커피잔에 커피가 식는 줄도 몰랐다면 이것으로 팀 구성은 마무리 된 셈이다.

하지만 복잡한 계획서나 마감 기한이 극도로 짧은 계획서는 여러 사람의 노력을 필요로 한다. 계획서 팀은 팀장 한 명과 한 명 이상의 텍스트 작성자, 그래픽 전문가 한 명, 한 명 이상의 해당 주제 전문가로 구성된다.

계획서 팀에는 이들 외에 고객지원 팀의 팀장이나 세일즈맨, 그밖에 해당 기획을 발굴하여 전담기관에 대해 가장 잘 알고 있는 과제개발 인력을 포함시킬 수도 있다. 계획서 프로젝트의 초기단계에는 그 밖에 주요 경영진이나 가격 문제를 다룰 수 있는 재무분석가, 사업제안 계획에 특수한 조건이 있을 경우에는 계약전문가, 마케팅 팀의 직원도 참여할 수 있다. 일대일 맞춤 소프트웨어 개발 팀과 고객훈련 팀, 고객지원 팀 등 여러 부서의 통합적인 노력을 요하는 솔루션이라면, 착수단계부터 참여 부서를 확실히 정해서 해당 부서가 일정을 조정할 수 있도록 만들어야 한다.

효과적인 Kick-off meeting를 개최하라

학창시절 중요한 과제를 제출할 때, 혹은 사랑하는 이에게 마음이 담긴 편지나 선물을 마련할 때 누군가의 도움을 받아본 경험이 있을 것이다. 아무리 비밀스러운 것이라도 그것이 누군가에게 효과적으로 전달될 수 있었으면 하는 바람, 결국 그 일이 예상한 대로 '성공'을 거두었으면 하는 바람이 크다면 더더욱 보다 나은 의견을 반영하고 싶을 것이다. 계획서도 마찬가지다. 더군다나 중요한 계획서를 작성하는 일을 처음 겪는 것이라면 여러 심적 부담이 따를 것이다. 이럴 때 필요하고 효과적인 것이 Kick-off meeting이다. 효과적인 Kick-off meeting에는 어젠더 발전시키기, 요구사항 체크리스트 만들기, 전담기관에 대한 통찰력 수집하기, 핵심 사항 결정하기, 짧은 시간 내에 계획서 기본 개요 작성하기 등이 포함된다.

주로 다른 팀과 함께 일할 때 즉시 개발해야 하는 한 가지 도구는 기획 분석 작업계획표이다. 미리 작업계획표 양식을 준비한 다음, 회의가 시작되면 한 팀으로서 의견을 통합하여 양식을 채워나가라. 작업계획표 양식에는 고객이 누구인지, 의사결정자가 누구인지, 당신의 회사와 유망고객칸에 어떤 비즈니스 관계가 존재하는지, 해당 기회의 규모와 초점은 어떠한지를 적을 칸이 갖춰져 있어야 한다.

그 밖에 고객의 비즈니스 관심사와 기술적, 정치적, 경제적, 사회적 관심사에 대한 통찰력, 선택 프로세스의 동인이 되는 가치들, 경쟁에 대한 전망, 당신의 회사를 가장 효과적으로 포지셔닝하는 전략(최상의 가치 제안 및 성공 주제), 회사 차원의 참여 준비 상황 등을 포함시키고 싶을 것이다. 그러나 지나치게 복잡하게 만들어서는 안 된다. 한눈에 들어오게 작성된 기회분석은 편리하게 활용될 수 있지만 서너 페이지에 이르는 기회분석은 아무도 거들떠보지 않을 것이다. 이제 Kick-off meeting를 개최하라. 그리고 그 회의를 원활하게 진행하고 싶다면 다음의 몇 가지 팁을 참고하기 바란다.

1. 적절한 사람들을 끌어들여라. 프로젝트 후반부에 도움을 줄 수도 있는 사람들을 간과하지 마라.

2. 회의에 들어가기 전에 사업제안 계획 사본과 그 밖의 다른 유용한 데이터를 포함하여 관련성 있는 배경 정보를 모두에게 이메일로 전송하라.

3. 당신이 보낸 정보를 아무도 읽지 않았다고 가정하고 회의를 시작하라. 우리는 모두 너무도 바쁘게 살아가고 있지 않은가?

4. 회의의 어젠더를 만들되, 참석자에게 그것을 수정할 수 있는 권한을 위임하라. 이것은 회의의 성공에 대한 소유권을 일정 부분 양도하는 셈이 될 것이다.

5. 사전에 그들에게 보낸 자료를 간단히 검토한 다음 기회 분석 양식을 완성하라. 해당 프로젝트를 위해 개발된 임시 솔루션/적용기술이 있다면 그것을 검토하기에도 적절한 시기이다.

6. 주요 가치 제안과 그 밖에 계획서를 작성할 때 활용할 부수적인 모든 전략에 관해 한 팀이 되어 논의하고 합의하라.

7. 가치 제안을 뒷받침하는 증거에 대해 한 팀이 되어 브레인스토밍하라.

8. 이정표와 마감일, 의무사항, 전달 가능한 결과물에 대해 각 팀원에게 책임을 할당하라.

9. Kick-off meeting에서나 그 직후에 사업제안 계획에 기술된 모든 요구사항, 또는 고객이 제공해달라고 요청한 모든 사항을 열거한 요구사항 체크리스트를 만들라. 계획서가 완성되면 이 요구사항 체크리스트를 사용해서 빠진 것이 없는지 확인해야 할 것이다. 명심해라. 참여에서 밀려나는 가장 쉬운 방법은 핵심 요구사항 한 가지를 빠뜨리는 것이다.

계획서 초안을 만들어라

　예전에는 계획서 팀장이 아무도 손댈 수 없는 일종의 '통제 문서'를 만들었다. 여러 사람의 손이 닿으면 문서가 뒤죽박죽 섞일 확률이 높기 때문에 오직 팀장만이 내용을 첨부하거나 삭제할 수 있었다는 얘기다. 그러나 요즘에는 여러 팀원이 입력한 내용을 모두 관리하고, 서로 겹치거나 덮어쓰는 것을 막아주며, 프로젝트 전체를 한 눈에 볼 수 있도록 돕는 기능이 포함된, 보다 발전된 형태의 소프트웨어 시스템이 있다. 주로 팀을 구성하여 계획서를 작성하는 사람이라면 반드시 투자할 가치가 있는 기본적인 툴이다.

　따라서 책임이 분배되고 팀원들이 각자 자신의 책임을 이행해나가기 시작할 때, 여러분은 그 경과를 주시하고 그것을 하나의 커다란 문서로 통합시킬 방법을 찾아야 한다.

　때때로 사람들은 전체 계획서를 요약하거나 개략하는 역할을 하는 사업계획 요약문을 가장 마지막에 써야 한다고 생각한다. 그러나 사업계획 요약문의 목적은 전체 계획서를 요약하거나 개략하는 것이 아니라, 최고위층 중역을 위해 해당 비즈니스의 개요를 제공하는 것이다.

사업계획 요약문은 전담기관의 핵심 니즈와 그들이 갈망하는 성과를 요약하고, 당신의 솔루션에 대해서 수준 높은 프레젠테이션을 제공하며, 핵심적인 차별성 몇 가지를 제시하고 기본적인 가치 제안을 약술한다. Kick-off meeting를 개최하는 즉시 이러한 콘텐츠를 작성할 수 있어야 한다. 초기에 사업계획 요약문을 완성함으로써 팀원 모두에게 책임 이행할 때 참고할 만한 양식과 주제 포지셔닝의 본보기를 제공할 수 있다.

두 번째로 계획서의 각 주요 부문에 대한 소개문을 작성하거나 팀원에게 작성하도록 지시하라. 이것은 각 부문에 대한 가장 일반적인 정보가 포함되는 부분으로, 기술적인 솔루션의 세부사항이 완성되지 않았어도 충분히 작성할 수 있다. 또한 성공 주제를 강조할 수 있는 부분이기도 하다. 팀원에게 각 부문의 소개문을 가장 먼저 작성하도록 한다면, 그들이 적절한 행로를 따르고 있는지 쉽게 확인할 수 있다. 예를 들어 계획서 내용 중에 단순히 사업계획을 설명하는 것이 아니라 각 문단의 마지막 문장을 통해 이 계획서에 대한 핵심 성공 주제, 즉 해당 소프트웨어가 차별화된 시간 절약 기능을 갖췄으므로 생산성을 향상시킬 수 있다는 점을 알린다.

세 번째로 솔루션에 대한 기본적인 설명을 최대한 많이 작성하라. 솔루션의 기능과 이익을 모두 명시하여 설명을 완성하고 나면 매우 세부적인 콘텐츠, 즉 사업제안 계획의 질문이나 요구에 대한 실질적인 응답과 구체적인 예증 부문, 가격 부문을 작성하는 일에 착수할 수 있다. 제시하는 몇 가지를 메모해 둔다면 첫 초안을 신속하게, 그리고 효과적으로 완성하는 데 도움이 될 것이다.

1. 전담기관에 관해 수행한 모든 조사와 판매 전화를 할 때 메모한 내용, 요구사항 체크리스트, 해당 계획서에 적절하게 재사용할 수 있는 텍스트 등을 포함하여 당신이 가진 모든 자료를 통합하라.

2. 의사결정자와 평가자들에 대해 실시한 조사 자료를 검토한 다음, 그들에게 개별적으로 이야기하듯이 작성해나가라. 단둘이 대화를 나눴다면 이것을 어떻게 말했겠는가? 글로 대화하는 방식도 이와 크게 다르지 않다.

3. 신속하게 작성하라. 중간에 글쓰기를 멈추고 수정하지 말라. 이것은 사람들이 저지르는 가장 큰 실수 가운데 하나이다. 워드 프로세서에서 무언가를 '수정하기'란 무척 쉽기 때문에 사람들은 겨우 몇 줄을 써놓고 자신이 쓴 내용을 이리저리 바꿔보기 시작한다. 그러다가 곧 생각의 흐름을 놓치고 심지어 모든 것을 완전히 잊어버리고 만다.

4. 가장 쉽거나 흥미롭게 느껴지는 부분부터 먼저 작성하라.

5. 계획서의 각 부문 또는 중요한 부분에 대해 일반적인 사항에서 구체적인 사항으로, 소개문과 주요 아이디어에서 이를 뒷받침하는 세부사항으로 발전시켜 나가라.

6. 공통 조항이나 재사용할 수 있는 문구를 잘라붙일 경우, 그것을 해당 계획서에서 당신이 사용하는 성공주제에 부합하도록 수정하라. 무엇보다도 전담기관의 이름을 잘못 적는 일이 없도록 반드시 확인하라.

7. '우리'나 '귀사'와 같은 친근한 대명사를 사용하라. 3인칭이나 의미가 모호한 호칭은 피하라. 즉 계획서 전반에 걸쳐 그 기업의 이름을 사용하라.

8. 약어와 전문용어를 의심하라. 의심이 드는 용어는 제외시키고 보다 평이한 것을 사용하라. 고객이 자주 사용하는 전문용어나 약어는 사용해도 좋다.

그리고 계획서 초안이 완성됐다면 반드시 재검토 과정을 거쳐야한다. 훌륭한 저자들도 몇 차례 교정 및 교열 과정을 밟듯이, 프로젝트를 계획할 때 충분한 시간을 할당하여 꼼꼼하게 교정을 봐야 한다.

2. 상대방에게 '강렬한' 인상을 남겨라

우리는 자신을 설레게 하거나 긴장시키는 대상을 마주하게 될때 '어떻게 하면 좋은 인상을 심어줄까?'라는 고민을 하곤 한다. 옷은어떤 디자인에 어떤 컬러를 입을 것이며 표정은 어떻게 지어야 하고어떤 제스처를 취해야 오래도록 강한 인상을 남길 수 있을지 온통 인상적인 '첫 인상' 남기기에 신경이 곤두선다.

아마 상대방이 마음에 들수록 강렬한 '첫 인상'을 남기는 데 더욱신경이 쓰일 것이다. 따라서 뒤돌아서서 '왜 내가 상대방의 의도를 조금 더 파악하지 못했지?'라는 후회를 하지 않으려면 상대와 마주하고있는 그 순간 최선을 다해 '강렬한 인상'을 남길 수 있어야 한다. 상대방에게 초점을 맞추려는 노력이 바로 호의고 배려이며 그 '배려'가 상대방의 마음을 움직이는 열쇠가 되어 줄 것이다.

강렬한 '첫 인상'을 남기는 '계획서 작성'은 어떻게 하는가?

지금 여러분이 기획서나 계획서를 작성해야 한다면 무작정 시작해본답시고 사실적인 내용을 기술하지 말고 차근차근히 생각을 정리해볼 필요가 있다. 물론 객관적인 정보이며 가슴 벅차게 자신만의 기발한 아이템을 가지고 있어 마음이 급하더라도 잠시만 시간을 내보자. 기획서나 계획서를 작성하기 전 마지막 단계, 어떻게 상대방을

'나의 편'으로 만들 것인가?에 대한 최종점검의 시간은 수십 장의 계획서를 '작성'하는 일만큼 큰 의미가 있을 것이다.

고객은 무엇을 필요로 하는가?

간혹 고객은 자신이 필요로 하는 바를 구체적으로 명시한 사업제안 계획을 공시할 때가 있다(과제지정, 품목지정 과제 등). 하지만 그 구체적인 문제들－가령 기술적인 문제나 무엇이 필요한지에 대한 표현－이 의도를 파악하기 쉽다고 하더라도 그대로 믿어버리는 것은 옳지 못하다. '나의 편'을 만들기 위해선 나 또한 '그의 편'이 되어야 한다는 것을 잊어서는 안 된다. 상대방이 진심으로 무엇을 원하는지, 정작하고 싶은 말은 무엇일지에 대해서 마음을 비우고 들여다 보아야 한다. 이는 서로를 위한 윈윈전략일 뿐만 아니라 고객이 제시한 참여제안요청서의 오류도 찾아낼 수 있는 많은 이점이 있는 과정이다.

가령 다음과 같은 몇 가지 궁금증을 제기해보자.

- 창업자의 입장에서 제공하겠다고 한 '아이템'은 무엇이었는가?
- 고객은 왜 '나'의 제품이나 기술력을 필요로 하는가?
- 고객은 얼마나 더 기다릴 수 있는가?
- 고객이 '나의 회사'를 선택할 수밖에 없었던 중요한 이유는 무엇일까?

즉 이 질문을 하는 동안 목표에 대해, 혹은 문제에 대해 정확한 이해를 할 수 있을 것이며 참여에 응하는 진정한 출발점이 될 수 있을 것이다. 꼭 기억하라. 참여 제안 요청서를 받아들였을 때 반드시 '고객이 진심으로 필요로 하는 것은 무엇일까?'를 고민해야만 한다.

문제에 대해 해결할 가치가 있는지를 판단하라

스스로에게 질문하라. '왜'인가? '왜 지금'인가? 해당 상황은 무엇 때문에 그냥 무시할 수 없는 것인가? 왜 지금이 조치를 취하기에 적절한 시기인가? 해당 기업에서 이 문제 때문에 영향을 받는 사람은 누구인가? 기업의 여러 목표 가운데 방해를 받는 목표는 무엇인가? 외부의 압력 가운데 무엇이 해당 문제를 결코 무시할 수 없는 것으로 만드는가?

"A회사가 향후 3년에 걸쳐 2배 이상의 매출을 늘리려고 한다. 과연 이 과정에서 기존의 제품들만으로 가능할 수 있을까? 오히려 매출을 늘이는 것보다는 이윤을 극대화하는 제품 개선방법을 구축해야 하지 않을까? A회사에서 매출 확대의 의미는 현 시점에서 얼마만큼 중요한 문제인가"

이 문제는 왜 해결할 가치가 있는지? 왜 다뤄질 가치가 있는지? 등을 보다 구체화한 질문 사례이다. 고객 중심의 관점을 발전시키기 위해서는 단순한 '기술'과 '설득'이 아닌 그에 앞서 스스로에게 구체적인 질문을 던질 수 있어야 한다. 다른 이들이 쉽게 간과해버리는 '이면'을 꿰뚫어 볼 수 있어야 한다.

목표 가운데 가장 우선순위는 무엇인가?

고객의 최종목표는 이미 예상해볼 수 있다. 그렇다면 중요한 것은 의사결정자의 '의견'이다.

가장 중요한 사항부터 중요도가 떨어지는 순서대로 아이디어를 제시함으로써 상대의 머릿속에 당신이 똑같은 사고방식을 가졌다는 인상을 남길 수 있기 때문이다. 뿐만 아니라 상대는 당신이 가장 먼저 언급하는 사항을 당신이 가장 중요하게 생각하는 것이자 전체 계획서의 방향을 알리는 일종의 지표로 생각하게 될 것이다.

또한 당신이 판매하는 제품을 사용했을 때 투자수익을 예상하는 일은 그리 어렵지 않지만 고객이 시장점유율 증대 방안을 모색하는 일에 우선순위를 두고 있다면 이 방법은 그다지 설득력이 없다. 따라서 우선순위를 파악해야 한다.

예비창업자들은 종종 자신의 가치가 고객의 가치라고 착각한다. 예를 들어, 계획서를 작성할 때도 '우리는'으로 시작해 '어떤 기업보다도 기술력이 뛰어나며 고객이 필요로 하는 어떤 부분도 해결할 능력이 된다'라는 식으로 작성을 한다. 아마도 회사가 가지고 있는 자그마한 장점이라도 상세히 열거해 능력의 '다양성'을 선보이고 싶은 마음이 굴뚝같을 것이다. 하지만 안타깝게도 고객은 다양하게 제공되는 '서비스'에는 큰 관심이 없다. 고객은 계획서 작성자가 얼마만큼의 신기술을 보유하고 있는지, 사전에 경험은 어느 정도나 되는지, 위험성은 적은지 등 필수적인 요소들에 더욱 구체적인 관심을 갖는다. 따라서 고객의 관점에서 최상의 선택사양을 골라서 그것을 계획서의 토대로 활용하라. 자신에게 최고의 이익 혹은 최대의 커미션을 제공하는 솔루션을 추천하려는 유혹을 최대한 떨쳐내라. 물론 쉽진 않겠지만 장기적인 관점에서 계획서와 비즈니스를 관리해야 한다는 점을 명심하라.

▨ 고객이 필요로 하는 가치를 다시 정의하라

고객은 당신이 판매를 진행하는 동안 사업제안 계획을 통해 자신의 필요부분을 명확하게 알려준다. 물론 때때로 고객이 틀릴 때도 있다.

예를 들어, 어떤 회사의 팀장이 팀 영업실적에 만족하지 못하여 당신에게 연락을 취한다고 가정하자. 그는 이렇게 말한다. "판매를 위한 논리적인 설득력에 관한 영업 교육이 더 필요합니다. 가능하십니까?"

물론 가능하다. 그러나 그 회사의 세일즈맨들이 실제로 일하는 모습을 관찰한 결과, 그들에게 정말 필요한 것은 전화 예절 교육임을 깨달았다. 그들이 지나치게 공격적이어서 무례한 느낌을 주고 있었던 것이다. 그렇다면 당신은 무엇을 제안하겠는가?

가장 좋은 방법은 계획서를 작성하기 전에 예상되는 고객과의 커뮤니케이션을 통해 당신이 관찰한 바나 우려하는 바를 전달한 다음, 의사결정자들을 교육시키고 그들에게 정보를 제공하는 것이다.

▨ 고객에게 초점을 맞추는 방법

물론 '계획서'라는 것 자체가 예비창업자의 능력을 명시한 결과물이기는 하지만 궁극적으로는 고객의 '입맛'을 대변해주는 고객을 사로잡기 위한 작업이기도 하다. 즉 표지글과 표지, 사업계획 요약문 등에서 고객을 언급하라는 말이다.

계획서의 초점이 고객에게 맞춰져 있는지 당신에게 맞춰져 있는지를 확인하는 간단한 방법을 하나 제시한다. 바로 사업계획 요약문에 당신의 회사 이름과 고객의 이름이 각각 몇 번씩 등장하는지 세어 보는 것이다. 고객은 최소한 세 번 이상 등장해야 한다. 바람직한 사업계획 요약문은 주로 고객의 비즈니스 상황과 그들의 니즈, 그들이 바라는 성과, 그리고 당신의 솔루션이 그들의 기대치에 부합하는 정도에 초점을 맞추기 때문이다. 온통 당신에 관해서만 기술한다면 고객에게 기억된 '비호감'이란 첫 인상을 지우기 위해 삼고초려를 해야 하는 노력이 뒤따를 것이다.

3. 효과적으로 설득하라

사업계획서를 기획하는 데 있어서 필요한 '설득'을 논하지 않더라도 우리는 일상에서 설득해야 하는 많은 상황을 접하게 된다. 어쩌면 우리의 인생은 설득의 연속이며 순간마다 크고 작은 설득의 기회와 마주치며 산다. 수많은 설득의 순간과 마주할 때면 사람들은 상대방이 자신의 의도대로 움직여 주기를 바란다.

설득은 글자 그대로 풀이해보면 말(說)을 해서 이익을 얻어(得)내는 과정이다.

즉, 말이나 행동 등으로 다른 사람의 마음을 움직여 내가 바라는 대로 행동하게 하는 것이다. 대체로 설득을 하고자 하는 입장에서 무엇을 얻어야 할지에 대한 목표는 확고하다. 그렇다면 어떤 말로 또 어떤 행동으로 '바라는 바'를 얻어낼 것인가?

이 과정에 설득의 성공여부가 달려 있는 셈이다. 하지만 이 과정에서 중요한 것은 '사람'은 수단이 될 수도 없고, 그래서도 안된다는 점이다. 마음대로 조정하겠다는 생각은 설득과 아무런 관계가 없다. 진실한 마음으로 성의를 다해야 설득에 성공할 수 있다. 그 진실한 말 한마디가 상당한 마력을 시사할 것이다. 이제 여러분의 마음속에는 '어떻게 설득을 효과적으로, 성공적으로 할 것인가?'에 대한 방법이 무척 궁금해졌을 것이다.

효과적인 설득을 위한 1단계 - 정보를 제공하라

'내'가 아닌 상대방이 필요로 하는 사실을 제시하고자 한다면 '정보를 제공하기 위한 글'을 써야 한다. 그리고 무엇보다 간결하고 정확하게 작성해야만 한다. 만일 계획서에 정확한 사실을 기재하지 않아 고객이 사실을 이해하지 못하면, 혹은 불행하게도 사실을 잘못 이해하면 커뮤니케이션은 실패한 셈이다.

　정보를 제공하기 위한 글쓰기에서 무엇보다 중요한 도전 과제는 '고객이 무엇을 가장 중요시 하는가?'를 파악하는 것이다. 가장 일반적으로 저지르는 실수는 시간 순으로 글을 써서 자칫 장황한 글로 빠지거나, 고객이 아닌 '자신'에게 중요한 사실로 시작하는 것이다. '어떻게 그런 실수를!' 하며 웃는 독자도 있을 것이다. 하지만 직접 글을 써보라. 글을 쓰는 사람이 누구인가? 당연히 '나'이다. 아이디어와 내용을 알고 있는 이는? 물론 '나'이다. 글쓰기 작성의 주체가 '고객'이 아닌 '내'가 되다보니 누구나 저지르게 되는 실수이다. 항상 고객에게 중요한 것이 무엇인지를 우선으로 생각하고 그에 맞는 정보를 제공해야만 한다. 그리고 보다 효과적이기 위해서는 정보 제공을 위한 내용은 글의 초반부에 배치해야 한다는 점이다. 우리가 살펴볼 구조적 패턴은 모두 고객이 관심을 갖는 내용으로 시작할 수밖에 없기 때문이다. 단, 설득의 목적은 의사결정자가 행동을 취하도록 독려하는 것임을 명심해야 한다. 중요도 순으로 사실을 열거하는 것만으로는 행동을 유도할 수 없다. 아울러 기획서 및 계획서를 처음부터 끝까지 정보를 제공하는 식의 글쓰기를 적용하는 것은 무의미하다. 생각해보라. 우리는 지금 극비리에 제공되는 정보가 아니고서야 웬만한 정보는 쉽게 얻을 수 있는 정보화 사회를 살고 있다. 간단하게는 인터넷 검색창에 궁금한 사항을 검색해 정보를 얻을 수도 있으며 도서관이나 전문 정보를 검색하는 서비스를 이용할 수도 있다. 지나치게 전문적인 정보는 설득력이 없을 뿐만 아니라, 고객의 관심을 끌 수도 없을 것이다.

효과적인 설득을 위한 2단계 ─ 비판적 안목을 갖춰라

보통 우리가 하고 싶은 말을 주고 받는 대화의 방식은 일상적인 커뮤니케이션이다. 이때는 말하는 사람이 갖고 있는 생각과 목표를 일일이 설명해줄 수도 있으며 듣는 이가 궁금한 점을 꼼꼼하게 캐묻고 이에 대한 답변을 요구할 수도 있다. 하지만 비즈니스에서의 커뮤니케이션은 다르다. 정해진 시간과 분량 안에 자신의 목표를 달성해야 한다는 제약이 따르기 때문이다. TV광고를 떠올려 보면 이해가 쉬울 것이다. 정해진 시간 30~40초 안에 사실을 표현하되 효과적이어야 하기 때문에 광고의 목적을 함축적으로 나타내는 경우가 대부분이다. 이때 시청자는 광고를 통해 다양한 상상을 해볼 수 있다. 시청자들의 다양한 의견과 평가가 어쩌면 광고가 노리는 목적일 수도 있다. 결국 광고의 완성은 함축적으로 표현해낸 광고와 그것을 본 시청자들의 반응이 한데 어우러졌을 때 비로소 성공했다고 할 수 있을 것이다.

비즈니스 세계에서는 업무 평가나 경쟁제품 분석을 수행할 때마다 평가서를 작성한다. 이때 단순히 사실만을 열거하고 의견을 제시하지 않는다면 일을 완수했다고 할 수 없다.

효과적인 설득을 위한 3단계 ─ 사실과 의견을 적절하게 이용하라

설득의 성패는 무엇으로 알 수 있는가? 고객이 구매를 했는지, 혹은 구매욕을 자극했는지 여부에서 알 수 있다. 설득에는 여러 가지 중요한 요소들이 있지만 또한 계획서를 작성하는 회사마다 그 사정에 맞게 설득의 요령도 제각각이겠지만 어떤 계획서라도 공통적으로 주목해야 하는 사항이 있다. 바로, 사실을 정확하게 제시하되 정보에 근거한 의견을 제공해야 한다는 점이다. 그렇다고 개인적인 감정이나 평가 등의 주관적인 느낌을 기술하라는 의미는 아니다. 이성적인 논리를 갖춘 의견을 제시해야 한다. 아울러 계획서에는 고객의 생각과 느낌을 예측하고 있다는 느낌을 심어줄 수 있어야 하며 실제로 고객을 움직이는 데 영향을 미칠 수 있어야 한다.

설득을 위한 필수적인 요소

오래전부터 사람들은 자신의 생각을 다른 사람에게 설득하기 위해 노력해왔다. 사냥이 주생활이던 문명 이전의 시대에도 큰 동물의 위협으로부터 피하는 방법을 부족들에게 알리고자 노력했고 자신이 잡은 물고기나 짐승을 먹을 때도 '안전'하다는 것을 알리기 위해 나름의 논리적인 설득이 필요했다. 문명시대에 들어서고, 보다 복잡한 일상을 살아가면서 '설득'은 조금 더 고차원적인 기술이 요구됐고 사람들은 무언가를 하도록 실득하는 가장 좋은 방법을 알아내려 노력해왔다. 이후 '설득'은 많은 연구자들에 의해 그 요소를 파악하고자 많은 노력을 기울여 오고 있으며 끊임없이 새로운 방법들이 창출되고 있다. 그렇다면 연구자들에 의해 다양한 방법과 요소들이 연구될 만큼 '설득'이 중요한 이유는 무엇일까?

실질적으로 필요하기 때문이다. 선거를 코앞에 둔 유권자들의 심정을 생각해보라. 관중을 설득시키기 위해 온갖 '호소'에 가까운 논리를 펼치지 않는가? 특히 '내가 잘 알지 못하는' '관심이 없는' 분야에 대해서는 '신뢰'를 얻기 위한 과정, 즉 '설득'의 과정이 나의 목표를 달성하는 중요한 열쇠가 될 수밖에 없다.

1) 제품에 대한 정보

제품에 대한 정보는 창업자가 소비자나 투자자에게 전달하고자 하는, 궁극적으로 설득해야 하는 '메시지'에 해당한다. 그 '메시지'의 효과는 어느 정도는 소비자나 투자자가 그것을 충분히 받아들이는지에 따라 결정된다. 특히 설득력 있는 메시지에 사용된 증거나 논리가 상대의 기본적인 가치관이나 믿음, 선입견 등에 부합한다면, 소비자나 투자자가 그것을 수용하여 그에 따라 자신의 태도를 변화시킬 가능성이 높다.

'믿음'과 '태도' 사이에는 한 가지 차이점이 존재한다. 보다 현대적인 기술을 사용하면 생산효율을 개선할 수 있다고 '믿기' 때문에 새로운 장비에 대한 사업제안 계획을 발행하는 사람도 있을 것이다. 여러분이 이와 동일한 믿음을 토대로 계획서를 작성하고 당신의 장비가 어떻게 노동력 절감을 강화할지 입증할 수 있다면, 메시지를 받은 사람은 가장 적합한 수행업체인 '당신'에 대한 태도를 긍정적으로 바꿀 것이다. 반면 생산효율에 미치는 영향 대신 자사 기계의 견고함과 내구성을 강조하는 진부한 계획서를 보낸다면 당신은 전담기관의 기본적인 믿음을 검토하지 못한 셈이다. 그 결과, 당신을 선택하도록 설득할 수 없을 것이다.

고객의 믿음과 가치는 매우 다양하기 때문에 누구에게나 똑같은 문구를 사용하는 상투적인 계획서를 작성한다면 대다수의 고객은 여러분의 메시지에서 확신을 얻지 못할 것이다. 그래서 더더욱 메시지에도 일종의 '포장술'이 필요한 것이다. 메시지의 포장술이란 일종의 상업적인 전략이라고 해도 무방하다. 물론 그 '전략'에는 '신뢰'가 밑바탕 되어야 하며 소비자 입장에서는 '믿음'을 얻을 수 있어야 한다. 가령 술집에서 한 손님이 골든벨을 울렸다고 치자. 그러면 술집 안에 있던 손님들은 일제히 환호성을 지를 것이다. 암묵적으로 '골든벨을 울린 사람이 같은 공간에 존재하는 모든 손님들의 술값을 치른다'는 술집만의 관습을 익히 알고 있기 때문일 것이다. 술집에서 골든벨을 울리는 관습이 언제부터 생겨났는지는 몰라도 발렌타인데이나 화이트데이에 초콜렛과 사탕을 대량으로 판매하는 듯한 효과는 분명 있을 것이다.

그리고 그 분위기에 도취한 소비자들은 마치 해마다 하나의 의식을 치르듯 소비를 해나가게 된다. 초콜렛이나 사탕, 술집에서 판매하는 갖가지 술이 제품이고 메시지라면, 골든벨을 울리고 특정한 날을 만드는 것은 메시지에 대한 포장술일 것이다.

2) 소비자 혹은 투자자

사람들은 저마다 다른 방식으로 정보를 처리한다. '큰 그림'을 선호하는 사람에게 지나치게 상세하고 분석적인 문서를 제시하면 설득은 더욱 어려운 길로 빠져든다. 고객이 이해하기 힘들 정도로 지나치게 전문적인 정보를 제시하는 것 역시 설득의 노력을 헛수고로 만든다. 대부분의 사람은 자신이 받은 정보를 확신하지 못하거나 혼란을 느끼면 거절하는 경향이 있기 때문이다.

이처럼 똑같은 메시지를 전달하더라도 어떤 사람은 설득할 수 있지만 또 다른 사람은 전혀 감화시킬 수 없는 경우가 많다. 왜 그럴까? 행동을 취해야 하거나 결정을 내려야 하는 사람, 혹은 태도를 변화시켜야 하는 사람은 바로 소비자나 투자자이기 때문이다. 따라서 소비자나 투자자는 설득의 필수적인 요소이다.

설득력 있는 메시지가 상대에게 얼마나 많은 영향을 미치는지를 결정하는 요소 가운데 두 가지는 소비자나 투자자의 성향과 이익이다. 변화를 두려워하는 사람은 변화를 자신 있고 안전하게 느끼는 사람에 비해 상대에게 영향을 미치기가 훨씬 더 어렵다. 이와 마찬가지로 의사결정자는 자신의 경력에 직접적으로 영향을 미칠 사항에 대해 행동을 취할 때 매우 신중한 태도를 보이게 된다.

3) 창업자

창업자는 설득을 하는 행위 혹은 주체로서 설득을 하는 전 과정을 놓고 볼 때 가장 중요한 역할을 하는 '소스'라고 할 수 있다. 연설을 하는 정치가나 판매를 성사시키려 노력하는 세일즈맨, 계획서를 제출하는 기업, 공공 서비스를 발표하는 재단 등이 '소스'에 해당된다.

그렇다면 효과적인 '소스'가 되기 위해서는 어떤 자세를 취해야 할까? 고객의 입장에서 생각해보자. 고객은 메시지를 전달하는 사람, 즉 창업자가 편안하게 느껴져야 호감을 갖는다. 또한 고객은 상대가 자신에게 관심이 있고 자신을 이해하고 있다고 믿을 수 있어야 하며, 계획서를 제출하는 기업을 존중하거나 동경할 수 있어야 한다. 따라서 창업자가 갖춰야 할 무엇보다 중요한 자세는 '신뢰'할 수 있어야 하며 동시에 '호소력'이다. 사람들은 자신이 신용하는 사람을 믿기 마련이며, 그 믿음은 신뢰성과 호소력, 즉 교감을 토대로 한다.

만약 여러분이 프레젠테이션이나 문서의 초반부에 어느 정도의 교감이나 호소력을 구축하지 못했다면, 고객은 곧바로 관심을 돌리게 될 것이며 여러분이 쌓아놓은 '신뢰성'도 무용지물이 될 것이다.

창업을 준비하고 있다면 자신의 아이디어나 아이템을 소비자들에게 그 가치를 제공하면서 받는 수익과 신뢰를 고려해야 할 것이다. 창업을 하는데 지속적인 사전홍보와 광고를 통해 잠재 고객 혹은 기존 고객들에게 기대를 심어주고 이에 대한 결과를 얻지 못하면 기업의 신뢰는 한순간에 사라지게 될 것이다. 그러한 사례를 우리 주변에서도 쉽게 접할 수 있는 내용들이다. 자신들의 목적을 위해서 다양한 이해관계자에게 손해를 입히기도 한다. 그만큼 창업을 시작하기 전부터 신경을 쓰고 준비해야 하는 일이 바로 고객과의 신뢰를 구축하는 것이다.

결국 이러한 신뢰는 창업을 준비하는 마인드 즉, 기업가 정신과도 관련이 있다. 이러한 기업가 정신은 창업 아이템으로 자신의 수익을 창출하는 과정에 모두 관여되기도 한다. 심지어 미래 고객에 대한 약속이기도 하다. 그래서 요즘 많은 창업가들이나 기존 기업들은 자신의 물건이나 서비스를 제공하는 데 있어서 단기간의 이익 추구의 목표보다는 장기적인 시장 확보를 위해 사회 공헌과 같은 노력에도 꾸준히 참여하는 경우도 있다.

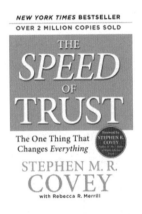

NEW YORK TIMES BESTSELLER
OVER 2 MILLION COPIES SOLD

THE
SPEED
OF
TRUST

The One Thing That
Changes Everything

STEPHEN M. R.
COVEY
with Rebecca R. Merrill

스티븐 M.R. 코비가 꼽은 신뢰받는 리더의 13가지 행동 특징

• 솔직하게 말한다
• 상대방을 존중한다
• 투명하게 행동한다
• 잘못은 즉시 시정한다
• 신의를 보인다
• 성과를 창출한다
• 끊임없이 개선한다
• 현실을 직시한다
• 기대하는 바를 명확히 한다
• 책임 있게 행동한다
• 먼저 경청한다
• 약속을 지킨다
• 먼저 신뢰한다

4) 설득하기 위한 도구

설득을 해야 하는 주체와 설득을 받아들여야 할 대상이 정해지고 전달해야 할 정보와 내용이 정리되면 이것을 '어떻게' 전달할 것인가에 대한 고민이 필요하다. 그 '어떻게'에 해당하는 것이 바로 설득을 위한 도구, '채널'이다. 한 마디로 이 도구는 여러분의 메시지를 소비자나 투자자에게 전달해주는 매개체이다. 기존에는 인쇄방식의 채널이 주를 이루었지만 점차 매체가 대중화되면서 전달 방식도 다양해졌다. 문서를 CD나 USB에 첨부해 다양한 시각화를 꾀하는 노력이라든지, 서류를 전달하기 전 미리 구두로 계획서의 내용을 전달하기까지 한다. 실제 연구 결과에 따르면, 단순한 메시지의 경우 인쇄물만 제시할 때보다 시청각 프레젠테이션이 수반될 때 설득력이 훨씬 더 높게 나타났다.

처음부터 자신의 아이디어나 컨셉을 거창하게 제시하는 것보다는 간단명료하게 이야기하고 전달할 수 있도록 노력해야 한다. 자신의 아이디어나 사업계획서를 검토하거나 들어주는 상대방은 다양한 업무 등으로 바쁜 일정을 보내야 한다. 그런 와중에 자신의 계획을 제시하는 만큼, 계획서의 요점을 압축하고 정리하여 제시하는 것이 좋다. 그러면서 그 안에 문제해결을 위한 긍정적인 방향을 제시하는 것을 잊지 말아야 한다. 이렇게 이야기하는 와중에도 자신이 주장하고자하는 맥락은 타인과 공유를 통해 인정을 받을 수 있도록 노력해야 할 것이다.

이러한 노력으로 처음부터 이해 당사자에게 두꺼운 계획서나 추상적인 아이디어를 설명하는 것은 적절하지 않다. 처음에는 한 장의 서류에 자신의 아이디어를 적은 내용을 제시하고 이를 점차적으로 보완하는 방식을 추천한다. 이러한 것들이 훈련이 되면 흔히 이야기하는 엘리베이터 스피치를 할 수 있을 정도로 노력해야 할 것이다. 결국 자신이 제안하고자 하는 내용을 상대방에게 효과적으로 전달 수있는 방법을 확보하는 것도 중요한 방법이다.

⬇ one page proposal

⬇ 엘리베이터 스피치

엘리베이터 스피치를 아시나요?

엘리베이터 스피치란, 엘리베이터를 탑승해 내릴 때 까지 30-60초 내에 상대를 설득하는 스피치로서, 약 60초 이내의 짧은 시간에 투자자의 마음을 사로잡아야하는 할리우드 영화감독들 사이에서 비롯된 말이라고 합니다

이처럼 소비자나 투자자들은 똑같은 메시지에도 각각 다른 반응을 보인다는 점을 잊어서는 안 된다. 같은 메시지를 전달하더라도 그

'매개체'를 어떻게 선택하느냐에 따라 소비자나 투자자들의 평가는 상당히 차별적이라는 말이다. 이때 시대의 변화나 흐름을 반영한 도구를 활용하는 것도 상당한 도움이 된다. 과거에는 오로지 서류에만 의존했다면 현재는 활발한 인터넷의 보급으로 온라인을 이용하는 것, 이 또한 시대적 변화를 반영한 도구가 될 수 있다. 프레젠테이션에도 1차원적인 것이 아닌 멀티미디어 프레젠테이션을 이용하는 것도 그 방법이다. 따라서 현 시대에 정보 전달을 위해 어떤 도구들이 등장하고 있는지 관심을 기울이고 그 기술을 익혀두는 것도 자신의 계획서를 보다 효과적으로 만드는 기술이 될 것이다.

기존의 회의 형식의 프레젠테이션   스티브 잡스의 프레젠테이션

4. 신뢰를 쌓는 진솔한 표현을 하라

한국인들에게는 특유의 습성이 있다. 유교영향과 사람을 믿지 못하는 불신풍조 때문에 믿음이 쌓이지 않으면 절대로 자신의 고민과 정보를 털어놓지 않는 것이다. 믿기 전에는 어떤 말도 불신하므로 신뢰를 받기 전에는 성급한 설득이나 제안을 하지 말아야 한다. 어설프게 접근하면 수고를 하고도 욕을 먹는다. 신뢰를 얻기 위해서 자기

나름대로 최신 정보라고 주지만 그것은 이미 세상이 다 아는 정보이다. 어떤 특정 분야에 관심이 있으면 핵무기 제조법도 알 수 있는 세상이다. 따라서 상대에게 정보를 주려면 인간적인 정을 느끼는 정보, 진실한 정보, 정직과 성실에 기초한 정보를 주어야 한다. 상대가 모를 줄 알고 정보를 과대 포장하거나 거짓정보를 주는 것은 사람을 잃는 지름길이다. 뻥튀기는 기계로 튀겨야지, 뻥튀기를 입으로 튀기면 언젠가는 화상을 입기 마련이다.

따라서 완벽한 신뢰를 입증하기 위해서는 진정한 마음에서 우러난 영혼의 빛, 마음의 진국이 되어야 한다. 그렇다고 해서 비즈니스를 위한 계획서를 작성하는 데 있어서 '감성'적으로 일관하라는 뜻은 아니다. 인간의 정신영역이 크게 이성과 감성으로 이뤄진다고 볼 때, 감성적인 부분을 보충하라는 의미이다. 이미 우리는 앞에서 객관적인 정보를 어떻게 효과적으로 제시할 것인지에 대해서 충분한 검토를 했다. 객관적인 정보와 효과적인 기획력 등이 완전하게 구비가 됐다는 전제하에 이를 토대로 '어떻게 하면 보다 효과적인 신뢰성을 구축할까?'를 논할 수 있다.

그렇다면 계획서에 보다 완벽한 신뢰성을 제공하려면 어떻게 해야 할까? 계획서가 갖춰야 할 몇 가지 필수 정보가 있다. 이 정보를 함께 수행할 때 성공적이다. 이 중 하나 이상이 빠지면 성공 가능성이 현저히 낮아진다.

현재의 과제는 문제 해결형의 과제에 높은 점수를 주고 또, 자신이 속한 지역의 문제 해결 과제를 선호하는 추세이다.

1. 고객의 문제점이나 필요성에 대해 충분히 이해하고 있다는 진술

2. 문제를 해결할 긍정적인 해법 제시

대부분의 계획서는 실제로 이 과정이 누락돼 있다. 여러분의 제

품과 서비스가 전체적으로 얼마나 좋은지를 기술하는 것만으로는 효과를 거둘 수 없다.

3. 일을 진행할 능력을 갖췄음을 증명하라

신원조회서, 성공담, 팀원의 이력서나 프로젝트에 대한 제반적인 사항에 심지어 회사연혁까지 고객에게 여러분의 능력을 어필할 많은 사항들을 첨부할 수 있다. 하지만 여기서 가장 중요한 것은 '고객이 원하는 바'를 빼놓지 않아야 한다는 것이다. 그 내용은 어떤 고객이냐에 따라 달라질 것이다. 제품을 원하는 고객이라면 제품의 효용성, 사양 등에 대한 철저한 내용이 필요할 것이며 기술을 원하는 고객이라면 그 기술이 어느 정도의 신기술인지를 비교 입증할 만한 자료와 그 기술의 미래적 가치 등에 대한 예시를 구체적으로 보여줄 수 있어야 한다.

4. 왜 '나'여야만 하는지에 대한 이유

여러분을 통해 구매함으로써 얻을 수 있는 이점에 대해 강렬한 인상을 심어줄 수 있어야 한다.

깊이 있는 '신뢰성'을 구축하라

신뢰성은 효과적인 계획서의 가장 중요하면서도 차별화된 핵심이다. 사업을 계획하는 모든 창업자들이 제 아무리 눈에 번뜩이는 아이디어와 훌륭한 기획을 준비했더라도 고객의 '신뢰'를 얻지 못한다면 허무하게 쓰러지는 모래성과 다를 바 없을 것이다. 또한 현대인들이 갖는 콘텐츠가 한 가지에 집중돼 있지 않고 다양한 시각을 지니고 있다는 점을 염두해 둔다면 수많은 계획서들 가운데 어떤 것이 성공을 거두겠는가? 결국 사람의 마음을 얻는 자가 세상을 움직일 수 있는 것이다. 결과적으로 '신뢰'를 얻는 자가 성공의 주인공이 될 수 있다는 말이다.

그렇다면 사람의 마음을 얻는 '신뢰'를 쌓기 위해서는 구체적으로 어떤 사항들을 고려해야 할까? 계획서를 준비할 때 스스로에게 다음과 같은 질문을 던져보면 어떤 세부사항을 제공해야 하는지 알 수 있다.

▨ 상대방은 나의 회사를 어떻게 생각하는가?

상대방이 가지는 여러분 회사에 대한 선입견은 계획서를 검토하는 데에 영향을 미칠 수 있다. 상대방은 어떤 방법으로든 여러분의 회사에 대해, 그 능력에 대해 파악하고자 노력하고 또 성공여부를 예측할 것이다. 상대방이 예측하고 있는 그 '선입견'을 내가 먼저 읽을 수 있어야 한다.

▨ 상대방이 갖고 있는 경험은 어떤 내용인가?

상대방을 처음 만나는 경우도 있겠지만 과거에 한두 차례 경험한 경우도 있을 수 있다. 그 당시의 인상이 강렬했는가? 약했는가? 혹은 좋았는가? 나빴는가? 그 반응을 되새겨보는 것은 보다 호소력 있는 계획서를 제출하는 데 도움이 될 것이다. 중요한 것은 나쁜 경험이었다면 다시는 그러한 부정적인 평가가 나오지 않도록 진보된 계획서를 제출해야 한다는 것이다.

▨ 현재 우리의 제품이나 기술을 사용하고 있는가?

상대방이 여러분의 제품이나 기술을 사용하고 있지 않다면, 현재 상대방이 이용하고 있는 제품이나 기술은 어느 업체의 것인가? 여러분의 회사는 어떤 차별화를 기할 수 있는가? 무엇보다 중요한 것은 여러분의 회사가 더 큰 가치를 줄 수 있음을 강조해야 한다.

▨ 상대가 듣고 싶어 하는 방식으로 메시지를 전달했는가?

상대방의 비즈니스 상황을 충분히 이해했는가?

계획서에 여러분이 상대방의 비즈니스 상황을 충분히 이해하고 있음을 구체적이고 분명하게 명시했는가? 이러한 작업은 상대방의 입맛을 맞추는 과정에 불과한 사족이 아니다. 적을 알고 나를 아는 과정은 신뢰성의 첫 걸음이다. 그리고 그 신뢰는 보다 세련되고 전문적인 관계를 맺게 한다.

구체적인 추천을 제공하고 있는가?

일반적으로 계획서를 검토하다보면 무언가를 추천하기보다는 자신들의 회사 제품이나 기술에 대한 우수성을 상세하게 기술하는 데 급급하다. 그만큼 아무것도 추천하고 있지 않은 계획서가 대부분이다. 하지만 명심하라. 상대방의 입장에 초점을 맞춘다는 것은 잠시 비위를 맞추는 과정이 아니다. 상대방을 철저하게 배려하고 있음을 보여줘야 한다. 그러기 위해서는 상대방을 위해 구체적으로 무언가를 추천해야만 한다. 이러한 과정은 상대방에게 신뢰를 구축할 수 있으며 행동으로 이어질 수 있다.

상대방의 비즈니스 관심사에 초점을 맞추고 있는가?

사람들이 기술을 구입하는 이유는 그것이 조직의 이익, 즉 수익성과 생산, 직원의 수준, 품질, 고정시간 등에 긍정적인 영향을 미치기 때문이다. 기술은 저절로 팔리는 것이 아니다.

설득력 있게 쓰고 있는가?

분명하고 간결한가? 단호하면서도 논리적으로 작성했는가? 효과적으로 설득하기 위해서는 이 모든 과정을 간과해서는 안된다.

02장
시장에서의 리더십이 필요하다

자신의 제품이나 서비스는 이제는 유일한 것들이 거의 없다. 자세히 들여다보면 유사하거나 동일한 비즈니스 모델을 차별화하여 자신의 시장을 만들어 가는 것이 많다. 그런 시장 환경에서 생존하기 위해서는 따라가는 방법도 좋지만 강력한 리더십으로 시장을 선도하는 모습도 필요하다. 그것이 결국 퍼스트 펭귄*이 되어야 한다. 물론 경우에 따라서는 추격자의 모습도 바람직한 경우도 있다. 하지만 자신의 강렬한 인상은 결국 시장에서 브랜드가 되고 선도 제품이나 서비스가 된다.

사마천(司馬遷)이 쓴 사기(史記)에서 전하는 리더십은 간단하며 명료하다. 사마천이 이야기하는 리더십의 모습은 자현(自賢)을 제기한다. 이는 자신의 실력을 기르는 것을 의미한다. 세상에 쓸모있는 인재로 성장하기 위한 자기 노력을 의미한다. 이 단계가 지나면 구현(求賢)의 단계이다. 자신과 뜻을 같이 할 수 있는 사람을 만나야 하는 당위성을 이야기하는 것이다. 마지막으로 포현(布賢)이다. 이는 자신의 재능을 널리 세상을 위해 펼쳐 보이는 단계이다. 처음부터 준비되지 않은 자신을 널리 드러내는 것은 스스로 위험에 빠지는 경우가 될 수 있다.

창업을 하는 것도 마찬가지이다. 자신의 아이디어 혹은 비즈니스 모델이 세상에 널리 쓰여야 하는 것이다. 자신이 아무런 준비가 되어있지 않은 상태에서 창업을 한다는 것은 결국 실패를 내다보고 덤비는 형국이다. 많은 사람들이 창업을 하고 있지만 자현의 원리를 무시하는 경우를 주변에서 쉽게 볼 수 있다. 이처럼 그 예전에 전한 말씀을 잘 생각해보면 자신의 성공적인 모습을 그려볼 수 있다.

---

* 퍼스트 펭귄 : 선구자 또는 도전자의 의미로 사용되는 관용어로, 남극 펭귄들이 사냥하기 위해 바다로 뛰어드는 것을 두려워하지만 펭귄 한 마리가 먼저 용기를 내 뛰어들면 무리가 따라서 바다로 들어간다는 데에서 유래되었다.

사업계획서의 구성
(신규사업 타당성 검토)

가을 한잔

서용모

지친 일상에서 잠시 쉼표를
던져주고 가는 시간이 있다.
그 시간은 공장에서
만들 수 없는 정성이 담긴다.
뜨거운 햇살에
성숙해진 노란 국화 하나가
뜨거운 물에 잠겨
진한 가을을 내놓는다.
하얀 물이 노랗게 물들고
하얗게 올라오는 수증기는
가을 담은 향에 적셔지고
한 모금 마신 차로 오늘이 채워진다.
가을, 그렇게 晴天의 한 점이 된다.

1. 사업계획서의 정의

창업을 하려고 하는 예비창업자들의 필수적인 관문이며 많은 사람들이 가장 어렵고 골치아파하는 부분이 자신의 아이디어 혹은 비즈니스 모델을 적당한 언어와 수식 그리고 도표를 활용하여 표현하는 이른바 사업계획서를 작성하는 것이다. 이는 자신의 아이디어를 정리하고 자신의 아이디어 및 비즈니스 모델을 전개하기 위한 큰 그림이 될 수 있기 때문에 신중하고 또 자세하게 기록을 해야 한다. 자신이 품고 있는 생각을 타인에게 설명하기 위한 가장 좋은 형식을 통해 자신의 아이디어나 비즈니스 모델에 관심이 있는 투자자들이나 정부부처에 소개하기 위해 작성해야 하는 문서가 일종의 사업계획서이다. 사업계획서는 단순히 자신의 아이디어와 비즈니스 모델에 대한 서술이 아니라 자신의 아이디어가 사회에서 어떠한 영향을 미치며 이 영향이 어떠한 결과(예, 수익창출 혹은 기술적 완성 등)를 창출할 것인지에 대한 짧지만 정교한 문서이다.

사업을 준비하는 하는 예비창업자에게도 이러한 문서적 형태의 기술이 중요하지만 기존의 경영일선을 이끌고 있는 경영자들에게도 사업계획서는 매우 중요하다. 기존의 경영인들은 현재의 사업모델만으로는 지속가능한 경영을 영위할 수 없다. 현재의 수익모델(cash cow)이 내일의 그것이 될 것이라고 장담할 수 없기 때문에 경영을 하고 있는 기존 경영인들에게는 중요한 고민거리이다. 치열하고 발전 속도가 빠른 시장 환경 속에서 생존을 위한 노력은 누구나 고려해야 하는 문제이다. 자신의 미래 수익에 대한 고민 없이 사업을 한다는 것은 지속가능한 경영을 포기하겠다는 의미나 다름없다. 기존 경영인들도 이러한 환경에서 생존하기 위해 시장의 다양한 환경을 분석하고 이들을 활용하여 새로운 비즈니스 모델을 만들어 가야 하는 사명을 가지고 있다. 이러한 사명은 비단 기업인에게만 해당하는 것이 아니라 그 기업과 관련된 수많은 이해관계자들의 생존과도 전혀 무관하지 않다. 이러한 현실 속에서 지속가능한 경영모델을 위해서는 다양한 가치사슬과의 관계를 구축하고 그들의 상황을 공유해야 한다. 이러한 내용들을 자신의 아이디어나 새로운 비즈니스 모델에 담아내야 하는 것이다. 그래서 기존 경영인들의 사업계획서는 새로이 창업을 하는 예비창업자들보다도 오히려 더 어려운 부분이 될 수도 있다. 결국 사업계획서는 사업을 위한 그리고 더 나은 미래를 준비하기 위한 계획과 비전을 담고 이를 실천하기 위한 전략을 구체적으로 전개하는 문서이다.

사업계획서를 단순히 자신이 하고 싶은 사업의 표현에 대한 문서로 치부해서는 안 된다. 이는 자신과 자신을 포함하고 있는 다양한 이해관계자들에게도 중요한 문서가 될 수 있기 때문이다. 자신의 자원이 한정된 상황에서 이를 극복하기 위한 방안으로 외부의 조력자들과 협력을 구하기 위한 내용을 담은 문서이기에 자신과 뜻을 같이 하는 사람들에게도 중요한 요인으로 작용할 수 있다. 결국 외부 조력자들을 설득하고 이들로부터 다양한 자원을 지원받는 문서이기에 그만큼 중요하다. 그래서 단순히 그 문서에 제시한 목표나 방향 등에만 국한되지 않고 창업자 혹은 기업가들의 마인드와 구성원들이 제시하는 비전을 담고 있다는 것을 잊지 말아야 할 것이다. 비록 제시된 문서 즉, 사업계획서 상에는 보이지 않을지라도 그 문서에는 결국 기업가 정신과 기업 운영에 대한 철학이 담겨있음을 알아야 한다. 단순히 돈을 벌기 위한 과정으로서의 문서가 아니라 경영철학과 마인드를 통해 사회와 소통하고 이를 기반으로 사회에 기여하는 방향까지도 이해해야 할 것이다.

이처럼 사업계획서의 수립과정은 기업가와 기업 이해관계자의 사업 성공을 위해서는 필수적이며, 새로운 사업을 시작하기 위해 외부의 다양한 자원(예, 자금 등)을 조달하기 위해 필수적으로 요구되는 계획서이다. 이렇듯 다양하게 해석되고 응용되고 있지만 결국 사업계획서는 기업의 미래 비전을 수립하고 실행하는 과정을 담고 있는 문서이다. 이 문서에 자신의 아이디어 혹은 비즈니스 모델에 대한 생산, 시장에서의 마케팅, 구성원들에 대한 조직관리 및 운영 그리고 자금관리와 같은 재무 등의 목표를 설정하고 이를 위한 프로세스를 수립하는 것이다. 새로운 사업을 시작하는 창업가뿐만 아니라 기존의 경영자적 입장에서 보면 새로운 사업 활동을 제안하기 위해 기존의 제품 라인에 대한 추가 자금을 조달하고 새로운 비즈니스를 전개하기 위한 계획이기도 하다. 이러한 개념적 내용으로부터 사업계획서는 사업을 운영하기 위해 필요한 경영의 각 부분에서의 활동을 정의한 통합문서이며 그러한 활동을 전개하기 위한 의사소통의 수단으로서 정교한 문서인 것이다. 이러한 문서는 자신의 아이디어나 비즈니스 모델을 성공적으로 진행할 수 있디는 것을 증명하여 다양한 자원을 확보하기 위한 문서이며, 또 하나는 자신의 아이디어나 비즈니스 모델에 대한 운영적 차원의 가이드 혹은 지침으로서 치밀하게 작성된 문서이기도 하다. 즉, 경영자가 설립한 기업의 사업을 지속적으로 성장시키기 위하여 아이디어와 계획을 구체화, 체계화시킨 설계도로서 기업 경영을 위한 모든 외적 요소와 기업 내적 요소의 현황과 전망 및 활용 계획을 작성한 문서라고 할 수 있다. 사업계획서는 기업을 관리하기 위한 방법을 계획하고 새로운 사업이나 기존 사업에서 중요한 개발을 촉진시키면서 경영 환경과 발전에 밀접하게 영향을 주고 있기 때문에 이미 정보 사회 이전부터 널리 사용되고 있었다. 그런 만큼 사업계획서를 작성할 때 명심해야 할 것은 과학적 근거를 통해 현실적으로 작성되어야 한다.

◪ 표 3-1 **사업계획서 작성의 목적**

영역	경영	시장	투자자
내용	성공할 수 있을까?	사업기회가 있을까?	투자 가치가 있을까?
	- 경영 팀 역량 강화 - 내부 목표 관리 - 비전과 전략	- 시장의 규모, 종류 등 - 고객의 이해 - 마케팅	- 수익성과 성장성 - 투자영역과 규모 - 투자시기와 회수 전략

2. 사업계획서의 기능

사업계획서는 다양한 영역에서 중요한 기능을 수행한다. 즉, 사업계획서를 통해 자신이 뜻하는 비전을 추구하는 데 중요한 역할을 하게 된다. 사업계획서는 자신의 아이디어나 비즈니스 모델에 대한 실행을 위한 초석이 되기 때문이다. 그 초석을 어떻게 진행하느냐가 결국 자신의 사업이나 경영의 미래를 결정짓게 된다. 일을 처음 진행한다고 해서 새로운 비즈니스 모델에 대해서 어긋난 궤도로 진행하게 되면 처음의 차이는 작아서 보이지 않을지라도 비즈니스를 지속적으로 전개하다 보면 그 차이는 엄청난 차이를 만들어내게 마련이다. 이러한 차이를 최소화하고 자신의 비즈니스를 최대한 성공적인 방향으로 이끌어가기 위해서는 과학적인 사업계획서를 제시하고 이를 관리해야 한다.

사업계획서는 수많은 기능이 존재한다. 그중에서 우선 사업계획서는 자신이 준비하고 있는 사업에 대한 시뮬레이션의 도구로서 활용이 될 수 있다. 사업계획서는 예비창업자가 처음으로 사업을 수행하는 데 있어서 자신의 아이디어나 비즈니스 모델에 대하여 어떻게 사업을 진행할 것인가에 대한 구상들을 구체적으로 수립하고, 이를 문서로 기록한 내용이다. 이렇게 작성된 문서를 통해 자신이 추구하는 비즈니스를 시뮬레이션 해볼 수 있는 기회를 가지게 되는 것이다. 이러한 시뮬레이션은 자신의 비즈니스가 현재 시장에서 더 나아가 미래 시장에서 부딪힐 수 있는 오류를 최소화하여 비용과 시간 그리고 자원의 활용에 있어서의 위험을 감소시켜주는 역할을 하게 된다. 사업계획서를 통해 자신의 아이디어나 비즈니스 모델을 다양한 형태로 시뮬레이션을 함으로써 오류를 최소화하여 사업을 진행하는 데 있어 도움을 줄 수 있다.

사업계획서의 다른 기능은 경영차원에서의 정교함과 성숙도를 높이는 데 중요한 도구로 활용된다는 것이다. 경영은 다양한 영역이 하나로 융합되어 진행되어 가는 과정이다. 자원의 모집과 운영, 제품의 개발과 판매, 경쟁상황의 극복, 거래처에 대한 관계 형성과 유지, 내부적으로는 직원의 모집부터 운영 등의 다양한 상황을 이해하고 이를 반영하여 실제 상황에서 위험 요소를 최소화하고 안정적인 경영상황을 구축하는 것이다. 이러한 경영이라는 건축물을 무너지지 않게 세우기 위한 인부의 모집, 벽돌 등과 같은 자원의 수급과 조절, 이들 벽돌을 잘 쌓고 무너지지 않게 결합하는 과정에서 필요한 것이 설계이다. 바로 이 설계도가 경영에서는 사업계획서인 것이다. 다시 말해, 사업계획서는 성공적인 건축물을 완성하기 위한 종합 설계도와 같은 것이다.

사업계획서는 자신이 업무를 수행하는 데 있어서 혹은 수행하기 위한 과정을 점검할 수 있도록 도움을 준다. 실제로 경영을 수행하면서 수많은 내부 및 외부적 요인에 의해 사업 진행에 변수가 생긴다. 이러한 과정이 잦아지면 자신이 설계한 사업이 어디로, 어떻게 진행되는지 객관적으로 혹은 과학적으로 파악하기가 어려워질 수 있다. 이러한 사업 환경 속에서 등대와 같이 불을 밝혀 안내해 주는 것이 사업계획서이다. 잘 짜여진 사업계획서는 어두운 터널 속에서도 잘 버티고 벗어날 수 있는 듬직한 등불과도 같은 것이다. 그 어두운 터널을 벗어나면서 자신이 어디쯤 있고 어떻게 이곳을 벗어날 수 있을까에 대한 점검차원뿐만 아니라 평가차원에서도 유용한 도구로 활용될 수 있다.

사업계획서는 자신뿐만 아니라 자신의 이해관계자들은 설득할 수 있는 중요한 문서가 될 수 있다. 아이디어나 비즈니스 모델의 발굴이나 자금 등과 같은 자원의 운영 등을 혼자 할 수 있으면 좋을 텐데 그렇지 못한 것이 현실이다. 때문에 창업을 준비하는 예비창업자들이나 이미 사업을 수행하고 있는 경영자들에게 중요한 것이 사업계획서인 것이다. 창업을 하거나 기업을 운영하는 것은 결국 대내외적 네트워크 속에서 연결된다는 것을 의미한다. 사업을 운영하면서 자신이 가지고 있는 자원과 외부자원과의 효율적인 관계를 구축하고 이를 통해 성과를 창출하기 위해서는 유기적인 네트워크를 운영하여야 한다. 그러한 관계를 형성하고 운영하는 데 도움을 줄 수 있는 것이 바로 사업계획서이다. 자금을 제공하는 금융권이나 유용자원을 확보하기 위한 네트워크 등은 경영자나 경영 담당자들에게 자사의 아이디어나 비즈니스 모델을 설득시키고 함께 할 수 있도록 네트워크를 형성하는 데 필요한 것이 사업계획서이다. 다양한 자원의 매입과 매출 그리고 일반 고객뿐만 아니라 내부 고객인 직원들과의 유기적인 관계형성에 도움을 줄 수 있는 것이 사업계획서다.

마지막으로 사업계획서는 자금조달이나 각종 정책적 지원을 받기 위한 중요한 자료로 활용된다. 자사의 자원이 충분하지 않은 상황에서 새로 시작하는 사업이나 혹은 새로운 제품이나 서비스를 개발하기 위해서 수행하는 활동들을 과학적이고 객관적으로 제시하여 설득할 필요가 있다. 대기업을 비롯하여 중소기업 및 벤처기업과 창업기업들은 다양한 지원기관으로부터 자금이나 인력 및 시설 구축에 대한 지원을 받을 수 있다. 이러한 수혜는 사업계획서를 통해 신청할 수 있다. 은행, 기술보증기금 및 신용보증기금과 각종 투자회사로부터 자금을 확보할 때에도 사업계획서를 기반으로 한다. 이처럼 사업계획서는 자신이 필요로 하는 자원 즉, 자금, 인력 및 시설 등의 구축에 대한 내용을 과학적 데이터를 기반으로 현실적으로 작성한 문서인 것이다.

이러한 내용들을 종합해보면 사업계획서는 자신의 아이디어나 비즈니스 모델에 대한 객관적이고 현실적인 분석을 통해 향후 경영환경에 대한 변화를 예측하고 그에 따라 전략을 수립할 수 있도록 방향을 제시하는 것이라고 말할 수 있다.

3. 사업계획서의 구성

사업계획서에는 자신의 아이디어나 비즈니스 모델을 사업화 하기 위한 전략적인 접근 방법을 제시하고 있는 문서이다. 이러한 문서를 구성하고 있는 요소는 공통적으로 기업에 대한 현황을 비롯하여 사업의 개요, 운영, 마케팅, 생산, 재무 등에 대한 내용을 공통적으로 언급하고 있다. 사업을 운영하고 실행하기 위한 전반적인 내용을 담고 있는 것이 사업계획서이다. 어떠한 방식으로 사업을 운영하더라도 혹은 어떠한 목적으로 사업계획서를 작성하더라도 그 계획서에서는 공통적으로 들어가야 할 구성요소들이 있다.

일반적으로 사업계획서를 작성하는 목적에 따라 강조해야 하는 구성요소의 차이는 있지만 자신의 아이디어나 비즈니스모델이 시장에서 성과를 창출하기 위한 과정을 효과적으로 표현하기 위한 내용이라는 점은 서로 다르지 않다. 일반적으로 사업계획서에는 회사의 개요, 사업의 내용, 제품 혹은 서비스에 대한 내용, 시장 분석, 개발 계획, 생산과 운영에 대한 계획, 마케팅 전략, 재무와 회계, 인적자원 구성 및 운영, 추진 계획 등으로 구성되어 있다. 최근에는 이러한 구성요소 이외에도 기업가 혹은 예비 창업가의 기업가 정신을 언급하고 있는 사업계획서가 증가하고 있다.

1) 회사 소개

회사의 소개부분은 창업을 하거나 기업을 운영하는 데 있어서 회사의 객관적인 정보를 제공하는 것으로서, 사업계획서를 요구하거나 읽는 사람 혹은 이해관계자에 따라 회사에 대한 정확한 정보를 갖게 하는 데 그 목적이 있다. 회사의 개요에는 주로 제품 혹은 서비스에 대한 설명, 대표자 및 주요 임원의 소개와 역량, 재무적 현황, 인적 자원 활용 계획 등에 관한 기본적인 내용을 간략하게 기술한다.

▣ 표 3-2 **사업계획서의 회사 개요의 주요 내용**

항목	주요내용
회사 소개	- 회사명, 업종과 업태, 회사 위치와 연락처 등
주요 제품 및 서비스	- 제공하고자 하는 제품 혹은 서비스의 특징 등
대표자 및 주요 임원	- 회사의 대표자 이력과 주요 임원의 이력 내용 등
핵심 역량	- 기업이 보유하고 있는 차별화된 핵심 역량 - 기술적 역량, 경영적 역량(마케팅) 등
재무 현황	- 자본금, 매출액, 순이익 등의 재무적 상태 - 투자자 및 주주관계 등

2) 사업 개요

사업계획서에는 사업에 대한 전반적인 내용을 포함하여 사업을 이해할 수 있는 내용으로 기술되어 있다. 창업하고자 하는 아이디어나 비즈니스 모델의 개념과 특징을 설명하고 사업 전체 개요에 대한 정보를 제공하는 데 목적이 있다. 사업을 추진하려는 개인이나 기업이 추구하는 가치를 실현하려는 사업의 내용을 이해시키기기 위한 정보를 제시하는 것이다.

■ 표 3-3 **사업계획서의 사업 개요의 주요 내용**

항목	주요내용
아이디어 및 비즈니스 모델	- 창업 혹은 기업의 아이디어 및 비즈니스 모델
창업 배경 및 동기	- 창업을 하게 된 동기 등
창업/경영 목표	- 본 사업을 통해 달성하고자 하는 목표 제시 - 가치 추구에 비전 제시
사회적 기여도	- 아이디어 및 비즈니스 모델을 통해 사회에 기여하는 기술적, 경제적 및 사회적 가치에 대한 기여도

3) 제공하고자 하는 제품 및 서비스

창업이나 경영을 위해 제시하고자 하는 제품이나 서비스에 대한 내용을 기술하는 것으로, 제품과 서비스의 개념과 기술 등을 중심으로 기존 시장 혹은 기존 제품과 서비스에 대한 차별성과 가치제공에 대한 내용을 제공한다. 제품 혹은 서비스를 통해 시장에서 자신이 제공하고자 하는 가치를 기술하는 것이다.

사업계획서의 제품 및 서비스 개요의 주요 내용

항목	주요내용
제품 및 서비스의 개요	- 고객에게 제공하고자 하는 제품과 서비스의 내용 - 제품과 서비스를 통해 고객에게 제공하는 가치
제품과 서비스의 구성	- 제품과 서비스를 이루는 구성요소들 - 구성요소들이 이루는 주요 사양 및 내용
용도 및 특성	- 제품과 서비스가 제공하는 기능 - 제품 및 서비스가 적용되거나 활용되는 영역
장점 및 단점	- 기존 제품 및 서비스에 대한 (긍정적) 차별성 - 기존 제품 및 서비스에 대한 단점 극복 내용
지적재산권	- 제품 및 서비스가 개발되기 위한 기술적 요인 - 제품 및 서비스를 경쟁상대로부터 보호받기 위한 기술적 요인 - 필요한 기술 중에서 자사가 보유한 기술적 내용
관련 산업 동향	- 해당 기술의 트렌드 - 기술의 변화에 따른 자사의 영향과 경쟁 여건(기술적 및 시장 상황)

4) 시장 분석

사업계획서에는 자신의 아이디어나 비즈니스 모델을 적용하고자 하는 시장을 이해하고 있다는 것을 제시하여야 한다. 자신의 시장을 정확하게 이해하고 이를 통해 다양한 가치를 추구하기 위한 시장의 개념을 통해 고객에 대한 정의, 경쟁사 등의 분석을 중심으로 시장의 현황을 설명하여 자신이 추진하고자 하는 사업 내용의 당위성을 제시한다.

표 3-5 **사업계획서의 시장 분석의 주요 내용**

항목	주요내용
시장 정의	- 진입하고자 하는 시장의 정의
시장 동향	- 시장 트렌드와 최근 이슈의 이해 - 트렌드 변화와 이슈가 자신에게 미치는 영향 분석
시장 규모	- 시장의 규모(size) 정도 - 시장 규모의 측정 방법 및 내용
고객 특성	- 고객의 정의 - 고객의 특성 분석 내용
경쟁 상황	- 경쟁 상황 분석(경쟁사, 경쟁 제품 및 서비스 등) - 자신의 시장에 영향을 미치는 요인(대체재, 보완재 등)

5) 제품 및 서비스 개발

사업계획서에 제시된 자신의 아이디어나 비즈니스 모델에 대한 개발에 대한 구체적이고 상세한 내용을 제시해야 한다. 자신이 개발하고자 하는 제품 및 서비스가 가진 특징은 무엇이며, 어떤 기술을 적용 및 응용할 것인가, 어떻게 개발하고 시장에 진출할 것인가에 대한 전반적인 내용들을 설명하는 것이다. 제품 및 서비스 개발의 내용에는 시장에서 고객들의 요구 내용, 개발하고자 하는 목표, 자신이 보유하고 있는 기술 및 개발과정에서 예상되는 문제점 및 이를 극복하기 위한 전략적 방안 등을 기술한다.

표 3-6 **사업계획서의 제품 및 서비스 개발 내용의 주요 내용**

항목	주요내용
고객 Needs	- 제품 및 서비스에 대한 고객의 Needs 분석 - 고객의 Needs를 어떻게 반영할지 적용 방안

항목	주요내용
개발 목표	- 최종적으로 개발하고자 하는 내용 - 세부적으로 개발되어야 하는 내용
보유 기술	- 제품 및 서비스를 개발하는 데 필요한 핵심 기술 - 자사가 보유한 기술과 핵심 역량
위기 관리 (Risk management)	- 개발 과정에서 발생할 수 있는 문제점 파악 - 문제가 발생했을 경우 이를 해결하기 위한 방안

6) 생산 및 운영 계획

사업계획서로 작성한 자신이 시장에 제시하고자 하는 제품 및 서비스에 대한 생산과 운영에 대한 전략적 방안을 통해 타인을 설득시켜야 한다. 개발한 제품 및 서비스의 생산과 운영 계획을 구체적으로 기술하는 것으로, 제품 및 서비스를 얼마나, 어떻게 생산하고, 이들을 어떤 방식으로 생산하고 효율적으로 운영할 것인가에 대한 전략적인 과정을 설명하는 것이 필요하다. 생산량과 생산 원가와 같은 생산 관리 계획, 이들을 생산하기 위한 설비와 장비 확보와 활용, 원자재 확보 방안 등이 구체적으로 기술되어야 한다.

▣ 표 3-7 사업계획서의 생산 및 운영의 주요 내용

항목	주요내용
생산량	- 생사하고자 하는 정량적 단위/수치 - 제품을 생산하는 데 소요되는 비용과 예상 원가 관리
인원	- 제품 생산에 필요한 인원 - 인원 확보 및 활용 전략
생산 설비	- 제품 생산에 필요한 설비와 장치들 - 자사가 보유하고 있는 주요 설비 - 생산 및 운영 전략(OEM, ODM 등)

항목	주요내용
원자재 관리	- 제품 생산에 요구되는 원자재 확보 전략 - 원자재 조달 전략

7) 마케팅 전략

자사가 제시하는 제품이나 서비스를 통해 시장에서 고객에게 제공하기 위한 전략적 방안으로 제품 및 서비스의 판매를 위한 목표 시장 설정, 이에 대한 구체적인 마케팅 전략에 대한 정보를 기술하는 데 목적이 있다. 사업계획서에는 자사의 가치를 실현하기 위한 목표 시장의 세분화 및 선정(STP 전략), 가격 전략, 유통 채널 전략 등을 통해 전개할 내용들을 기술해야 한다.

⬛ 표 3-8 **사업계획서의 마케팅 전략의 주요 내용**

항목	주요내용
STP 전략 (시장세분화, 목표 시장, 포지셔닝 전략)	- 자신의 제품과 서비스가 적용될 구체적인 시장 상황
제품 (Product)	- 제공하려는 제품 혹은 서비스
가격 (Price)	- 판매하고자하는 제품 혹은 서비스에 대한 가격 전략
유통 (Place)	- 판매하고자 하는 공간(오프라인, 온라인 등) - 판매하고자 하는 방식(도매, 소매 등)
촉진 (Promotion)	- 고객에게 제품 및 서비스를 알리는 방식

8) 재무와 회계

사업을 추진하는 데 요구되는 자금에 관한 내용을 기술하는 것으로, 설립과정부터 운영과정에서 발생할 수 있는 비용에 대한 자금 운영 계획을 포함하고 있다. 자사를 운영하는 데 필요한 자금은 얼마인지, 어디서 자금을 확보할 것인지, 얼마나 많은 자금을 확보할 것인지 등에 대한 구체적인 자금 운영 계획을 기술하는 것이다. 이를 위해 소요자금 분석, 자금 조달 계획, 상환 계획, 예상 손익 등을 분석하여 제시한다. 또한, 경영을 하면서 소요되는 비용에 대한 관리 차원의 접근이 요구되는 부분이기도 하다.

최근에는 자금을 확보하는 방식으로 크라우드 펀딩(crowdfunding)을 이용하는 경우도 많아지고 있다. 이는 일반 대중으로부터 자신의 아이디어나 비즈니스 모델의 가치를 믿고 기꺼이 돈을 투자하는 익명의 투자자 집단을 활용하는 방식이다. 이러한 방식은 일반인들이 많이 참여하고 있으며 대부분이 소액 투자인 경우가 많다.

■ 표 3-9 **사업계획서의 재무 전략의 주요 내용**

항목	주요내용
소요자금	- 기업을 운영하기 위한 자금 확보 및 운영 전략 (인력, 설비, 재료 구입 등)
조달 계획	- 필요한 자금 조달 금액 및 확보 전략 - 자금 조달 시 요구되는 비용
상환 계획	- 조달한 자금의 상환 전략(상환 기간, 상환 방식 등)
예상 손익	- 손익분기점 파악 - (예상) 매출액과 순이익 파악 및 분석

9) 인적자원 활용 계획

사업계획서를 통해 기업을 운영하는 데 요구되는 인적자원에 대한 활용 전략을 구체적으로 제시하여야 한다. 경영을 추진하면서 필요한 핵심 인력의 확보와 운영 전략 및 조직 구성과 운영 계획에 대한 정보를 제공하는 데 있다. 이러한 내용으로는 창업 팀 혹은 경영진의 주요 임원 소개, 소요 인력 운영 및 확보에 대한 애용, 급여 및 보상, 조직 구성에 대한 내용들을 중심으로 기술한다.

표 3-10 **사업계획서의 인적관리 전략의 주요 내용**

항목	주요내용
창업 팀(경영진) 소개	- 창업팀(경영진) 구성 내용 - 창업팀(경영진) 전공분야 및 주요 경력 사항
소요 인력 확보	- 창업(경영)에 필요한 핵심 업무 파악 - 주요 업무에 따른 필요한 인원 파악 - 추가 인력 채용 전략
급여 및 보상 정책	- 급여 수준 - 성과에 따른 보상 시스템
조직 운영	- 조직 운영 형태 설계

10) 추진 계획

사업계획서는 결국 다양한 자원을 활용하여 사업을 운영하겠다는 의지를 담은 문서이다. 이를 위해 창업의 추진 일정과 추진 주체에 관한 정교한 기술이 요구되기도 한다. 물론 경영자의 입장에서도 다양한 업무에 대한 추진 계획을 수립하거나 이를 통해 성과를 창출하기 위한 전략이 요구된다. 이는 최종 목표와 일정, 목표 달성을 위해 필요한 활동과 파트너들과의 전략적 운영 방안들을 포함하고 있다.

항목	주요내용
최종 목표	- 달성하고자 하는 최종 목표의 설정 - 최종 목표를 달성하기 위한 주요 활동 내용
일정 관리	- 최종 목표를 달성하기 위한 주요 일정 파악 - 최종 목표 달성 시기 - 주요 활동의 예상 소요 일정 파악
추진 체계	- 최종 목표를 달성하기 위한 파트너 운영 전략 - 파트너와의 업무 분장(역할과 책임 등)

4. 회사 소개

사업계획서는 자신의 아이디어나 비즈니스 모델만 담고 있는 것이 아니다. 그 안에 있는 운영자와 구성원들 더 나아가서는 자사와 관계있는 이해관계들의 내용을 담아 투자자나 다른 사람들에게 설득을 시켜야 한다. 회사의 비전을 설정하고 이러한 내용이 내부 및 이해관계자들과 공유가 되고 있는지가 중요하게 작용하게 된다. 결국 회사의 구성원들은 기업이 추구하는 비전을 공유하고 이러한 비전을 실행하기 위한 조직인 것이다. 이렇게 설정된 비전을 실행하기 위한 전략과 목표들을 통해 기업의 성장을 함께할 수 있는 것이다.

이러한 비전을 설정하고 그 목표를 달성하기 위하여 추구하는 전략과 내용들은 결국 기업의 비즈니스 모델이 되기도 한다. 그 비즈니스 모델로부터 기업의 주요 사업내용을 알 수 있으며, 어떠한 미래 가치가 있는지에 대한 판단을 할 수 있게 된다. 또한 주요 비즈니스는 아니지만 부가적인 사업 운영에 대한 내용을 이해할 수 있다. 그 기업이 추구하는 비전을 달성하기 위하여 현재와 미래의 사업 내용을 밝히고 자신들의 목적을 달성하기 위한 로드맵을 공유하기도 한다.

이러한 내용을 기반으로 내부 구성원들에게 자사의 자본금현황이나, 주요 인력들에 대한 이력사항을 통해 전문성을 높이기도 한다. 이러한 인력의 효율적 배치와 운영에 대한 내용을 확인할 수 있으며 내부 건실성에 대한 내용도 엿볼 수 있다.

회사를 소개하는 부분에는 회사의 설립일과 홈페이지, 고객상담 등에 필요한 메일주소 및 연락처 등을 소개하기도 한다. 이러한 내용 뿐만 아니라 자신의 강점을 나타내기 위하여 대표자나 기업 구성원이 보유하고 있는 특허 및 인증관련 내용을 제시하기도 한다.

자사의 역량을 소개하는 부분에는 그동안 추구해온 사업 내용에 대한 실적들을 설명하고 이들의 거래처를 밝히는 경우도 있다. 그리고 자사와 협력적 관계에 있는 네트워크 현황을 제시함으로써 기업의 건실성과 투자 가능성을 제시하기도 한다.

⬇ 그림 3-1 회사소개 주요 내용(예시)

5. 시장 전반에 대한 분석

사업계획서는 자신의 아이디어나 비즈니스 모델 사업화를 위한 전략적인 접근 방법을 제시하면서 이에 대한 객관적이고 과학적인 자료를 기반으로 한다. 자신의 아이디어나 비즈니스 모델에 대한 사업화의 타당성과 당위성을 위해서는 현재시장의 상황에 대해서도 이해해야 하지만 미래시장에 대한 예측도 중요한 요소로 작용한다. 사업계획서에서 제시하고 있는 자신의 사업내용에 대한 타당성을 제시하는 것은 내부 직원뿐만 아니라 외부 고객들의 관심을 사기 위한 적절한 방법이다.

사업 기회는 시장 환경을 얼마나 잘 이해하고 있느냐에 따라 그 성패가 달라질 수 있다. 사업의 기회는 고객에게 제공되는 제품, 서비스 또는 정보에 대해 존재한다. 자사가 제공하는 것에 어떠한 가치(새로움, 혁신성 등)가 있을 때, 기존 제품이나 서비스보다는 개선된 양질의 품질이나 더 저렴한 가격일 때, 또는 동일한 제품 혹은 서비스로 좀 더 편리한 방법으로 고객들에게 새로운 가치를 제공할 수 있는 것이 결국 시장의 기회를 확보하는 방법이다. 하지만 많은 사업의 기회가 존재한다고 해서 모든 기회가 이용 가능한 것은 아니다. 사업 기회가 이용 가능하기 위해서는 실제로 이익을 창출해야 하며, 이익의 크기는 금전적 목표보다 커야 한다는 것을 명심해야 할 것이다.

사업을 추진하는 데 있어서 자신의 사업에 대한 당위성을 확보하기 위해서는 제일 먼저 문제에 대한 인식과 이에 대한 이슈를 설정하는 과정이 필요하다. 현재의 상황에서 주어진 문제점이 무엇이고 이들의 사용으로부터 오는 불편함을 개선하고 더 나은 가치를 제공하기 위한 접근 방식은 무엇인지에 대해서 고민해야 한다. 결국 자신이 제시하고자 하는 가치가 현재의 시장 환경 속에서 보여주고 있는 만족스럽지 못한 가치에 대한 해결 방안을 제시하여야 한다. 즉, 시장의 고객들이 인식하고 있는 현실과 이상에서 존재하는 차이(gap)를 얼마나 줄여주느냐가 관건이 된다. 이러한 차이를 인식하기 위한 다양한 접근 방법이 필요하다. 그러기 위해서는 문제를 인식하는 데도 많은 방법들과 과정들이 존재한다. 현재의 시장에서 나타나고 있는 문제를 도출하기 위해서는 기존 시장과 미래 시장의 이상적인 모습을 제시하여 접근이 가능하다. 이렇게 도출된 문제들을 정리하고 검토하여 우선순위를 설정하고 이를 새로운 시장을 결정하는 의사결정에 반영한다. 이러한 의사결정은 시장 환경 속에서 자신의 아이디어나 비즈니스 모델에 대한 상황을 대입하여 자신의 현재의 상황을 정확하게 인식하고 이를 바탕으로 시장 환경 속에서 극복해 가는 핵심적인 요인들을 찾을 수 있다. 이러한 방법 중에서 거시적인 변화나 주요 키워드를 파악하고 분석하는 대표적인 방법으로 PEST 분석법이 있다. 이 분석방법은 성치석 이슈(Political), 경제적 상황(Economic), 사회적 및 기술적 분석(Social and Technology analysis)을 통해 시장 환경의 거시적인 부분을 이해하는 방식이다. 최근에는 이 네 가지 요인뿐만 아니라 법(Legal)과 환경(Environmental)적인 요인이 추가되어 PESTEL(혹은 PESTLE)이라 부르기도 한다.

이 분석방법은 기업에 영향을 주는 현재의 외부요인을 찾을 경우, 미래에 바뀔 수 있는 외부요인을 식별하고 변화(기회)를 이용하거나 경쟁사보다 더 빨리 위협으로부터 방어할 수 있는 전략을 도출하기 위한 목적으로 사용된다. 뿐만 아니라 새로운 시장의 잠재력을 평가하기 위해 수행된다. 일반적으로 부정적인 힘이 시장에 영향을 미칠수록 비즈니스를 수행하는 것이 더 어려워진다. 이러한 상황을 극복하고 문제를 해결하기 위하여 당면하는 문제들의 수익 잠재력을 현저하게 감소시키고, 기업은 그 시장에서 어떠한 활동에도 관여하지 않기로 결정을 할 수가 있다. 이러한 문제를 극복하고 문제를 잘 수행하기 위해서는 관리자가 가능한 한 기업의 외부환경에 대한 많은 정보를 수집해야 한다. 대부분의 정보는 상대적으로 쉽고 빠르게 그러면서 비용이 거의 들지 않는 인터넷 등을 통해 해결하고 있다. 이러한 분석 기법의 장점은 경영 혹은 사회 환경의 변화에 주는 거시적인 변화요인들을 파악하는 데 용이하다는 것이다.

또한 환경적인 측면에서는 거시적 변화가 무시해도 좋거나 영향이 미미하다고 판단되는 경우 환경분석법을 생략할 수 있지만 최근 들어 관심이 증가하는 이슈이기 때문에 지속적으로 관심을 가져야 한다. 또한 기업의 윤리적인 이슈(Ethical)까지 고민해야 하는 상황에 이르고 있다(이를 STEEP = Science & Technological, Economic, Ethical and Political이라고 한다.)

이러한 사회 및 거시적 환경을 분석하기 위해서는 가능한 한 많은 관리자가 참여야 한다. 그러면서 정치, 경제, 사회 및 기술변화에 대한 정보를 수집하고 이들 PEST 요인 중 어떤 기회나 위협을 나타내는지를 파악하는 것이 중요한 과정이다.

⬇ 표 3-12 **PEST 분석**

구분	내용
정치적 영역	- 정치제도의 변화와 정치권력의 이동 - 정책의 변화(규제와 지원) - 정치 이데올로기의 변화와 법적 제도화와 입법 동향
경제적 영역	- 세계경기 동향, 국내경기 동향 및 경제 정책 - 물가동향과 원자재 가격 변화 - 수출입 환율 및 관세의 변화 - 국가 간 경제협력조약(FTA)에 대한 변화
사회적 영역	- 사회구조의 변화, 인구구조 및 분포의 변화 - 교육 수준과 의식 수준의 변화 - 윤리규범과 관습, 가치관의 변화, 종교 및 예술

구분	내용
기술적 영역	- 정보통신 기술의 변화 - 의학의 변화, 생명공학의 기술변화 - 해당 산업의 신기술 개발동향(전방/해당/후방) - 기술 트렌드의 변화

이러한 분석 방법 이외에도 산업구조를 분석하기 위한 모델로, 산업의 기회를 예측하고 경쟁제약을 통제하기 위한 방법으로 공급자, 고객, 잠재적 시장 진입자, 대체재 및 산업 내 경쟁자라는 다섯 가지 관점에서 산업구조와 시장 매력도를 분석해서 전략을 세우는 방식도 있다. 이 제안은 마이클 포터(Michael E, Porter)에 의해 다섯 가지 주요 경쟁세력이 산업에 어떻게 영향을 미치는지를 이해하기 위해 만들어졌다.

이 분석방법에서 사용되는 내용들은 다음과 같다.

첫 번째로 신규(잠재적) 진입자는 산업에 새로운 도전자들이 진입하기가 쉬운가를 통해 기업의 경쟁력을 알아볼 수 있다는 논리다. 진입하기가 어려울수록 진입장벽이 높다고 하며, 진입장벽이 높으면 그 산업을 영위하고 있는 기업은 경쟁력이 높은 기업이 될 것이다. 다음은 진입장벽을 높이는 데 도움이 되는 요소들이다.

- 규모의 경제가 존재
- 규모의 경제 이외 기존 진출업체에 비해 비용상 불리한 점
- 제품 차별화가 가능한 경우
- 초기 진입시 매우 큰 투자가 필요
- 법과 정부정책으로 인한 규제
- 기존 판매망이 견고해 유통로 확보가 어려운 경우

두 번째, 기존 산업 내의 경쟁강도이다. 기존 산업 내에서 경쟁이 심하면 심할수록 이익을 내기가 힘들다. 경쟁이 심하면 특히나 가격경쟁이 심해지면서 적자마저 감수하는 기업들이 생겨난다. 기존 산업 내 경쟁강도가 높은 이유로는 다음과 같은 것들이 꼽힌다.

- 경쟁기업의 수
- 경쟁기업들의 규모 양상
- 해당산업의 성장률이 낮은 경우
- 제품차별화가 잘 되지 않아 가격경쟁이 심할 경우
- 고정적으로 나가는 비용이 높은 산업
- 다른 기업 제품을 쓰는데 추가비용(적응 기간) 등이 없음
- 시설확장 시 조금씩 할 수 없고 대규모로 해야 함
- 산업에서 철수하는데 높은 비용이 들 경우

세 번째로 대체제의 존재여부이다. 제대로 된 대체제가 있다면 기존 산업뿐만 아니라 대체제 산업의 동향에 의해서도 기존 산업 기업들이 위협을 받을 수 있다. 예를 들어 대체제 산업의 가격 경쟁이 심해지면서 가격이 하락하면, 같이 가격을 내릴 수밖에 없다. 대체제의 품질이나 성능이 대폭 향상되면, 고객들이 많이 이탈할 수 있다.

네 번째로 구매자의 교섭력이다. 공급업체가 지금 분석하려는 기업이라고 가정할 때, 구매자들의 교섭력이 강하면 강할수록 공급업체의 수익성을 나빠질 수밖에 없다. 다음은 구매자의 교섭력이 높은 경우다.

- 구매자의 숫자가 적어서 한명 한명이 공급업체의 매출에서 큰 비

중을 차지하는 경우

- 제품 차별화가 이뤄지지 않아 다른 제품을 구입해도 구매자에게 별 영향이 없을 때
- 구매자들이 공급업계로 언제든지 진입이 가능할 경우(후방통합)
- 구매자들의 총 수익에서 제품이 차지하는 비용이 큰 경우

마지막으로 공급자의 교섭력이다. 기업에게 제품과 서비스를 공급하는 업체들의 경쟁력이 높다면 원가부담이 심화될 수 있어서 기업의 경쟁력은 약화된다.

- 공급자의 숫자가 적은 경우(독점, 과점)
- 다른 대체품을 찾기 힘든 경우
- 공급자의 매출에서 구매자가 큰 비중을 차지하지 않는 경우
- 공급자들이 구매자들의 산업 내로 진입이 가능한 경우(전방통합)
- 현 제품을 다른 제품으로 변경하는데 추가비용이 필요한 경우

⬛ 그림 3-2 **5-Force model**

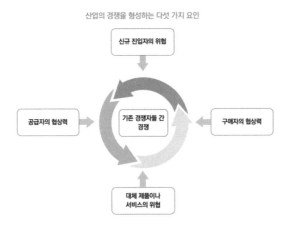

6. 신규 사업에 대한 사업성 분석

1) 사업성 평가의 의미

사업계획서는 자신의 아이디어나 비즈니스 모델을 시장에 진입하기 위해 시장의 니즈를 분석하고 이를 반영하여 추구하는 시장의 타당성을 검토해야 한다. 시장에서의 사업타당성은 결국 기업이 보유하고 있는 자원을 활용하여 성과를 창출하려는 데 있어서 효율적으로 측정되어야 한다. 이는 단순히 자사의 제품이나 서비스가 시장에 진입하는 것을 의미하지 않고 사업의 내용, 경영방침, 기술성, 시장성 및 판매전망, 수익성, 경영에 대한 소요자금 및 조달운영 계획, 인력관리 등의 많은 부분까지 포함된다. 이처럼 사업타당성은 사업을 운영함에 있어서 실패의 위험으로부터 지켜주고 성공확률을 높이는 데 중요한 자료로 활용될 수 있다. 이 사업타당성은 사업을 추구하는 사이즈에 상관없이 중요한 요소이다. 사업타당성을 검토하고 또 고려해야 하는 이유에는 몇 가지가 있다. 사업타당성은 창업자 자신이 주관적인 접근이 아니라 다양한 자료를 기반으로 한 객관적이고 과학적인 시장접근이라는 것을 주지시켜야 한다. 이러한 사업타당성 검토를 통하여 기업의 다양한 구성요소를 정확하게 파악하고 시장에서 성공적으로 진입할 수 있는 환경을 제공한다. 창업가의 아이디어나 비즈니스 모델 혹은 기존 경영자들의 새로운 아이템에 대한 사업타당성은 기술성, 시장성, 수익성, 자금수지계획 등의 다양한 세부적인 내용을 검토하여 자신의 사업을 정교하게 할 수 있게 한다. 사업타당성은 기업의 구성요소조차도 정교화를 통해 경영능력의 향상과 이를 통한 기업의 성장을 도울 수 있다.

사업타당성을 분석하기 위해서는 다양한 내용을 검토해야 한다. 그 검토 내용 또한 어떠한 목적으로 사업타당성을 분석하느냐에 따라 사업성 평가 요소와 그 가중치의 적용이 달라질 수 있다. 우선적으로 창업자의 아이템 수행능력 및 적합성에 대해서 정확하게 분석이 이루어져야 한다. 개인이든 기업이든 자신이 구축한 아이템에 대하여 성공적으로 이끌기 위해서는 창업자나 기업가의 계획수행 능력과 미래 경영능력을 이끌어갈 수 있는 역량을 검토해야 한다. 두 번째 검토해야 할 내용으로는 진입하고자 하는 시장에 대한 성격을 규명하는 일이다. 고객의 마음을 사로잡고 이로부터 수익을 창출할 수 있는 모델을 통해 지속가능한 경영을 유지할 수 있어야 한다. 시장에 대한 분석 요소는 진입하고자 하는 시장의 특성과 그 시장만의 구조를 고려하고, 이들 시장에서 이루어지는 동향 및 전망을 예측하고 반영할 줄 알아야 한다. 이에 대한 자신만의 목표 시장을 선정하고 이를 통해 판매 전략을 구축하여 가격변화를 검토하여 차별화된 가격정책을 설정하고 향후 판매 목표까지 고려해야 한다. 심지어 해외 시장의 경우에는 수출가능한 상태에 대한 전반적인 부분까지도 고려해야 한다. 또한 중요한 검토 요인으로 기술성을 들 수 있는데, 기술적 타당성이란 제품의 생산과 관련되는 요소 즉, 제품이 원만하게 생산될 수 있는지를 분석하고 검토해야 한다. 제품을 생산하는 과정에서 발생할 수 있는 다양한 요인들을 고려하고 이들을 생산할 공장의 선정과 입지 조건, 생산설비의 규모와 생산 능력, 원자재 조달 및 기술인력 확보 등과 같은 요소들을 고려해야 한다. 이런 과정에서 발생할 수 있는 불량률을 예측하고 이를 개선할 수 있는 상황을 고려해야 한다. 그리고 경영 전반적인 활동에 소요되는 자금의 운영에 대한 요소들을 고려해야한다. 제품이나 서비스가 성공적으로 출시되어도 지속적으로 자금은 투입될 수밖에 없다. 이러한 안정적 경영상황을 확보하기 위하여 소요자금의 적기조달에 대한 전략이 없이는 시장에서 지속가능한 수익모델을 확보할 수 없다. 기업의 수익성은 현재시점에서 미래 전망을 분석하는 내용이기 때문에 이를 객관적 그리고 과학적으로 보여줄 수 있는 다양한 자료들(추정손익계산서, 추정대차대조표, 자금수지예상표 등)을 고려해야 한다. 자금의 단기적 확보뿐만 아니라 장기적 확보를 위한 전략의 체계적인 제시가 이루어지고 있는지에 대한 내용도 검토할 필요가 있다. 자신의 아이디어나 비즈니스 모델이 장기적으로 성장가능성이 있는지에 대한 객관적인 분석 역시 필요하다. 결국 기업의 성장성에 영향을 미치는 요소들을 분석하고 이를 대응할 수 있는 전략을 통해 위험 관리 전략을 구체적으로 제시하여야 할 것이다. 이렇게 제시된 다양한 요소들로부터 시장에 성공적으로 진출하고 지속가능한 모델로서 입지를 확보하기 위해서는 다양한 분석 기법들을 통해 검토하고 분석해야 한다.

표 3-13 **사업타당성 검토 항목(예시)**

주요 항목	평가요소	세부검토사항
상품성	상품의 적합성	- 창업자의 제품이나 공정에 대한 지식 - 제품의 유형(비필수품 혹은 사치품)
	상품의 독점성	- 창업기업의 참여를 배제하는 사실상의 독점 여부 - 정부의 규제 등으로 인한 창업/사업화 제한 여부
시장성	시장의 규모	- 예상되는 고객의 수 - 국내 및 해외 시장 규모
	경쟁성	- 경쟁자의 세력 및 지역별 분포도 - 경쟁제품과 비교했을 때 품질과 가격 경쟁력 - 판매 유통의 용이 정도, 물류비용의 경쟁력
	시장의 장래성	- 잠재 고객 수의 증가 가능성 여부 - 새로운 창업기업의 침투 가능성 여부 - 소비자 성향이 안정 지향적이고, Needs의 증가 여부

주요 항목	평가요소	세부검토사항
수익성	생산 비용의 효익성	- 적정 비용으로 제품을 생산할 수 없는 요인 - 생산공정이 복잡하지 않고, 효율성 확보
	적정 이윤 보장성	- 원자재조달이 용이하고, 값은 안정적 확보 가능성 - 필요한 노동력 공급 용이성 - 제조원가, 관리비, 인건비 등 제 비용 공제 후 적정 이윤 보장 가능성
안정성	위험수준	- 경제 순환 과정에서 불황 적응력 정도 - 기술적 진보 수준은 어느 정도이며, 기술적 변화에 쉽게 대처할 수 역량과 가능성
	자금투입의 적정성	- 초기 투자액은 어느 정도이며, 자금조달이 가능한 범위의 가능성 - 이익이 실현되는 데 필요한 기간은 어느 정도이며, 그동안 자금력의 충분도
	재고수준	- 원자재 조달, 유통과정상 평균재고 수준은 어느 정도이며, 재고상품의 회전기간 고려 - 수요의 계절성 검토

2) 사업성 평가의 프로세스

시장에서 성공적인 아이템으로 자리를 확보하기 위해서는 가능한 한 많은 아이템을 고려해야 한다. 이러한 과정 속에서 성공가능성이 있는 상품을 유형화하고 그러한 제품이나 서비스의 제품 수명주기를 고려하여 소비자들의 니즈를 충족시켜줄 수 있는 아이템을 발굴하야 한다. 기존의 유망 제품을 고려하여 성공가능성이 높은 제품이나 서비스를 발굴하여 자신의 것과 검토해보는 것도 좋다. 또는, 기존의 제품이나 서비스가 제시하는 가치에 대한 혜택을 혁신적으로 향상시킬 수 있는 개선이나 응용 가능성의 채택이 가능한지를 검토하는 것이 좋다. 이러한 내용을 기반으로 예비 타당성을 거쳐 자신의 아이템에 대해 구체화하고 정교화하여 문제점을 해결하는 것을 두려워하지 말아야 한다.

⏷ 그림 3-3 **사업타당성 분석 프로세스**

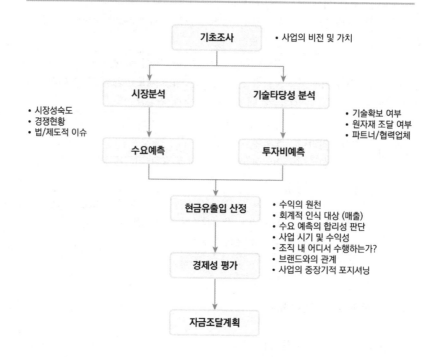

03장
어떻게 경쟁우위를 확보할 것인가?

사업이 어려운 것은 나 말고도 많은 경쟁 상대가 존재하기 때문이다. 심지어 자신을 알아봐 줄 고객의 마음도 복잡하다. 더욱이 내가 하려는 일에 관련된 법이나 제도 등이 그리 쉽게 나를 놓아주지 않는다는 것이다. 전쟁에서도 마찬가지이다. 전쟁이 어려운 것은 우회하여 곧장 앞지르고 근심으로 이로움을 만드는 것이다. 그러면 길을 우회하여 이득으로써 적을 유혹하게 하고 적보다 나중에 출발했어도 적보다 먼저 도착한다면 우직직계를 아는 자이다. [軍爭之難者(군쟁지난자), 以迂爲直(이우위직), 以患爲利(이환위리). 故迂其途(고우기도), 而誘之以利(이유지이리), 後人發(후인발), 先人至(선인지), 此知迂直之計者也(차지우직지계자야).] 이 내용은 손자병법을 쓴 손자(孫子)가 한말이다. 전쟁에서도 무조건 직진을 한다고 좋은 것은 아니다. 때로는 가까운 곳도 조금 멀리 돌아서 가는 전략이 필요하다. 자신이 처한 상황을 잘 파악하고 이를 이용할 줄 아는 용기와 진략이 중요한 것이다.

사업을 한다는 것도 마찬가지이다. 늦었다고 무조건 시장에 진입하기 위해 온갖 방법을 사용하다 보면 결국 실패하게 될 수도 있다. 적절한 시기(타이밍)를 볼 줄 아는 능력도 사업을 하는 데는 중요하다. 성공적인 창업의 가는 길로 가는 것은 자심감만으로 될 일이 아니다. 자신이 갖추어야 할 다양한 구성요소나 자신에게 당면한 상황들을 이해할 줄 아는 역량 또한 중요한 능력이다. 자신이 구축한 계획을 수시로 들여다보고 자신과 가장 적합한 길을 찾는 것이 중요하다. 결국 자신의 목표를 달성하기 위해서는 멀리 볼 줄 알아야 한다. 장기적 관망과 대책을 세우지 않고서는 치열한 경쟁에서 오래 지탱할 수 없게 된다. 치열한 시장에서 많은 경쟁자들과 경쟁을 하는 동안 먼저 기회를 잡아 유리한 장소(시장)와 시간을 점령하는 것이 필요하다. 시장에서 먼저 선점한다면 결국 다른 경쟁 상황들을 견제하고 이를 대비할 수 있기 때문이다.

사업계획서 작성을 위한
실행전략

추락천사

서용모

그제는 작은 순으로 가지 끝에 피어나고
연한 녹색의 생명이 거친 몸통을 뚫고 나와
작은 흔적을 만들고, 그 흔적들은
더욱 커진 자신의 몸짓에 낯설어 한다
더운 날의 햇살에 점점 익어가고
비, 바람에도 점점 익어가고
그렇게 작은 생명은 자라난다
바람이 불어와서 때론 춤을 추고
비, 바람에 목을 축이고
달빛에 유혹이 되고
햇살에 빨려 들어가고
그 생명은 이제 지쳐간다.
짙어가는 바람 속에서 커져 버린 몸짓은
더는 버티지 못하고
중력을 따라 자유낙하를 시작한다
지난날의 바람을 따라
지면과 지상을 드나들며 내일을 불러온다
그 추락은 끝이 아닌 새로움을 불러오는
작은 시간의 되새김질이다
작은 생명의 불멸 흔적이다
그렇게 보내고도 또 기다리는 유혹의 블랙홀이다.

1. 성공적인 사업을 위한 전략의 중요성

이 책을 펴기 전 아마 여러분은 '사업계획서를 작성하는 요령'을 빨리 파악하고 싶다는 간절한 마음이 앞섰을 것이다. 성공을 위한 사업계획서를 수립하는 데 있어서 불확실한 미래에 대비해 실행전략을 수립하는 것은 매우 중요한 사안이다.

역사적으로 뛰어난 전략가 나폴레옹은 "전략을 세울 때 나는 세상에 둘도 없는 겁쟁이가 된다. 상상할 수 있는 모든 위험과 불리한 조건을 과장해보고 끊임없이 '만약에'라는 질문을 되풀이한다."라고 말했다. 이것은 경쟁 상대를 이기려면 모든 가능한 위험요소들을 찾아내서 위험을 과장한 대비책을 만들어야 한다는 뜻이다. 전쟁터에 나갈 준비를 하는 장수는 이길 수 있다는 긍정적인 자세뿐만 아니라 최악의 상황까지도 염두해서 사전에 철저한 대비를 해야만 승리를 거둘 수 있다. 전략은 최선과 죄악의 모든 시나리오에 대비해서 미래를 가상으로 예측하고 폭풍우와 격랑 속에서 암초를 피하기 위해 기업의 진행방향을 결정하고 항해지도를 설계하는 작업이다. 기업이 이길 수 있는 경기장을 주도적으로 선택하고 인적자원과 핵심역량을 유리한 고지에서 집중적으로 투입함으로써 시장의 판을 바꾸는 것이다. 알리바바를 세계적인 회사로 성공시킨 마윈은 "이베이는 바다의 상어이고 알리바바는 양쯔강의 악어다. 바다에서 싸우면 우리가 지겠지만, 강에서 싸우면 우리가 이길 것이다."라는 유명한 말을 남겼다. 전략은 기존에 유지되어 온 게임의 룰을 바꾸는 행위이며 강자에게는 옵션일 수 있으나 약자(신생기업)에게는 반드시 필요한 사안이다.

마이클 포터는 "전략은 기업의 경쟁우위를 구축하고 구체적인 경쟁방식을 선택하는 의사결정이다."라고 하였다. 전략은 미래지향적이고 경쟁우위의 중요성, 기업이 제공하는 고객가치의 상대적 우위점,

특히 기업의 한정된 경영자원을 효율적으로 배분하는 데 그 핵심이 있다고 할 수 있다. 기업은 제한된 인적자원과 재무 상황을 가지고 있으므로 전략은 각 사업별, 제품군별, 시장별 자원의 획득 방법과 배분방식을 구체적으로 결정해야 한다.

전략은 환경의 제약 아래서 목표 달성을 위해 기업이 사용하는 주요 수단으로서 현 상태(현실)에서 이상적 상태(목표)를 향해 처해진 상황을 극복해 나아가는 최적의 길을 선택하는 과정이라고 할 수 있다. 최적화된 전략을 수립하기 위해서는 첫째, 기업의 현 상태를 정확히 분석해야 하며, 둘째, 어디로 가야 하는지에 대한 이상적인 목표를 분석해야 하며, 셋째, 상황분석을 통해 주어진 한정된 기업의 자원을 어느 곳에 얼마만큼 배분할 것인가를 결정하여 최적의 길을 찾아가야 한다. 전략수립에 있어서 이상적인 상태를 선택하기 위해서 대표적인 분석도구인 BCG(Boston Consulting Group) 매트릭스 분석을 통해서 살펴보고자 한다.

BCG 매트릭스는 기업이 보유한 사업들을 시장성장률과 시장점유율이라는 두 가지 축으로 물음표(Question mark), 별(Star), 자금 젖소(Cash cow), 개(Dog)의 4개 구성요소로 나타내어 각 사업부의 상대적 매력도를 비교하는 분석도구이다.

첫째, BCG 매트릭스에서 시장성장률과 시장점유율이 모두 높은 '별(Star)'은 높은 이윤 잠재력을 가지고 있지만 성장을 위해서는 지속적인 자금 투자가 필요하다. 둘째, 시장성장률은 낮으나 시장점유율이 높은 '자금 젖소(Cash cow)'는 높은 이익을 창출하는 효자사업으로 현상 유지전략이 필요하다. 셋째, 시장성장율이 높고 시장점유율이 낮은 '물음표(Question mark)'는 '별'로 키우거나 또는 시장에서 철수할지에 대해서 결정이 필요하다. 시장점유율을 높이기 위해서는 자금이 투입되어야 한다. 넷째, 시장점유률과 시장점유율이 모두 낮은 '개(Dog)'는 수익성이 낮고 시장의 전망도 어두우므로 가능한 만큼 이익을 수확한 후에 철수하는 것이 바람직하다.

　결국 BCG 매트릭스 모델은 제품의 상대적 시장점유율이 잠재적 수익 창출의 지표라고 가정하고 있다. 보통 시장점유율이 높은 제품은 높은 수익률을 가지며, 주요 경쟁사에 비해 강력한 브랜드 파워를 가진다고 여기게 된다. 사업의 시장성장률은 자금 유출의 지표이다. 제품이 높은 성장률을 보인다면 미래에 돈을 벌어들일 확률이 높지만, 성장을 촉진하기 위해서는 대규모 자금의 유입이 필요하다. 성장률은 높은 만큼 비용도 그만큼 높아질 수 있다. 따라서, 시장성장률과 시장점유율을 따져보는 것은 단순히 현재의 현금 흐름을 측정하는 것보다 제품의 생존 가능성에 더 좋은 지표를 제공하고 있다고 볼 수 있다.

◨ 그림 4-1 **BCG 매트릭스**

The BCG Growth-Share Matrix

시장 성장률
Market growth rate

고

저

Star

Question mark

Cash cow

Dog

고　　　　　　저

상대적 시장 점유율
Relative market share

이러한 BCG 매트릭스를 경영적인 차원에서 활용하는 방법은 제품이 현재 어느 위치에 있으며, 이를 기준으로 의사결정을 내리는 데 도움을 줄 수 있다. 그 경영적 의사결정은 경영의 유지, 투자, 수확 및 철수로 나타낼 수 있다. 현재 상황을 유지하고 싶은 경우는 제품이 캐시카우에 해당하거나 마케팅 예산이 적은 경우에 해당한다. 투자를 고려해야 하는 경우에는 시장점유율을 높이기 위하여 전략적 투자를 진행해야 하는데, 강력한 마케팅 캠페인은 제품을 물음표에서 스타로, 더 나아가 캐시카우로 옮길 수 있도록 도움을 준다. 수확은 캐시카우의 경우 투자를 줄이고 수확할 수 있는 최대의 수익을 거두는 것이 좋다. 이는 전체적인 수익률을 증가시킨다. 마지막으로 시장에서 철수하는 경우이다. 개에 해당하는 제품의 경우 철수하고 자금을 더 이상 묶이지 않도록 특별한 관리에 들어가야 한다. 경영자금의 운영적 차원뿐만 아니라 시장에서의 브랜드 이미지까지 지킬 수 있는 마지막 방법이기도 하다.

이 BCG 매트릭스를 통해 분석을 한다는 것은 한눈에 현재 제품이 처한 상황을 이해할 수 있도록 상황을 알려준다는 것이다. 매트릭스 평가를 위한 전문가를 고용하거나 복잡한 통계적 방법을 동원하지 않더라도 자신의 제품에 대한 평가를 나타낼 수 있다는 것이다. 그리고, 사업에서의 약점을 제거하여 궁극적으로 더 큰 가치를 지닌 기회를 확보할 수 있다는 것이다. 물음표와 개의 상황에 있는 제품을 제거함으로써 자금을 자유롭게 하고 성장 가능성이 높은 제품을 남겨두고 투자할 기회를 제공한다. 별 제품에 집중을 할 것인지 캐시카우에 집중할지는 위험을 얼마나 감수할지, 자금 보유분을 얼마나 유지할지에 따라 달라지게 된다.

하지만 BCG 매트릭스가 이러한 긍정적인 부분만 존재하는 것은 아니다. 사업 초기에는 제품군이 다양하지 않기 때문에 비교제품이 없어 판단이 어려울 수 있다. 또 다른 한계는 중간 지점이 없기 때문에 완만한 성장과 시장점유율을 가진 제품을 어느 카테고리에 넣어야 할지에 대한 판단이 어려울 수 있다. 이러한 상황에서 가장 큰 단점으로는 성공요인 중 시장점유율과 시장성장률을 제외한 요인들을 의도적으로 무시함으로써 정확하지 못한 예측을 할 수 있다는 것이다. 시장점유율과 자금 흐름을 살펴보는 측면에서는 적절하겠지만, 그것이 기업이 돈을 버는 모든 요인이라고 할 수는 없다. 경영이 약하거나 소송에서 패배해서 돈을 잃을 경우, 이직률이 높을 경우 등의 다양한 내부적 요인들을 반영하지 못하기 때문이다.

2. 기업의 내부 역량 및 외부 환경 분석

사업계획서 작성 컨설팅을 하다보면 자신의 사업에 대한 장단점을 일목요연하게 정리하지 못하는 경우를 의외로 많이 본다. 아무래도 머릿속에 구상하는 것을 그대로 표현하는 데에는 어려움이 있을 것이다. SWOT분석은 그런 경우에 유용한 분석 도구로 사용되는데, 본인의 사업에 대한 장점과 단점, 그리고 기회와 위협에 대한 부분을 명료하게 정리할 수 있어서 가장 많이 이용하는 분석적 도구이다. 그러면, SWOT분석을 어떻게 하는지 알아보자.

그림 4-2 SWOT Analysis Matrix

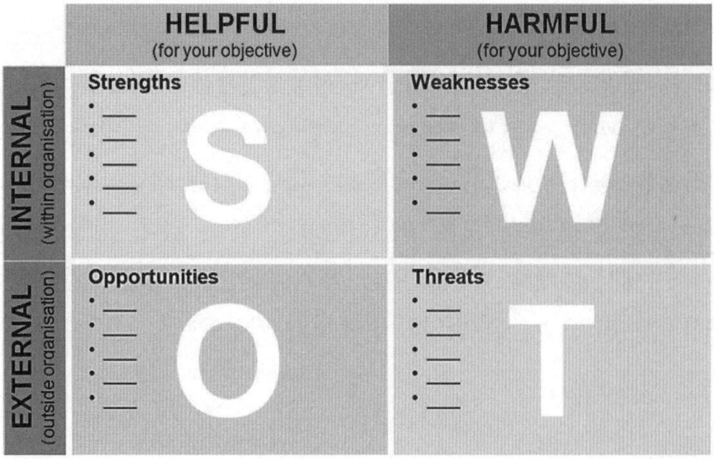

SWOT분석은 위의 그림처럼 네 가지의 요소에 대한 틀이 기본이다. 강점(Strength), 약점(Weakness), 기회(Opportunity), 그리고 위협(Threat)으로 나뉘어져 있다. 크게 나누자면 S+O(강점과 기회)가 장점이 되고, W+T(약점과 위협)이 단점이 된다. 많은 사람들이 S와 O의 차이, W와 T의 차이를 헷갈리는 것을 많이 본다. 이 두 가지의 차이는 내부적인 요소냐, 외부적인 요소냐의 차이라고 보면 쉽게 설명이 된다. 위의 그림과 같이 내부적인 요소를 S(강점)과 W(약점)으로 나누고 외부적인 요소를 O(기회)와 T(위협)으로 나뉜다.

내부환경 외부환경	강점 (S)	약점 (W)
	S1. S2. S3. S4. S5.	W1. W2. W3. W4. W5.
기 회 (O) O1. O2. O3. O4. O5. O6.	– SO 전략 – 외부 기회와 매치된 내부 강점 기회를 강점으로 살리는 전략 (우선순위 과제)	– WO 전략 – 외부 기회와 비교한 내부 약점 약점을 해소(보완)하여 기회를 살리는 전략 (우선보완 과제)
위 협 (T) T1. T2. T3. T4. T5. T6.	– ST 전략 – 외부 위협에 매치된 내부 강점 강점으로 위협을 최소화(회피)하는 전략 (해결 과제)	– WT 전략 – 외부 위협에 비교한 내부 약점 약점과 위협에 의한 악영향을 회피하는 전략 (회피 과제)

쉽게 예를 들어 보자. 치킨집을 열려고 하는 사장님이 있는데, 한 번 찍어먹기만 해도 모든 사람들을 매료시킬만한 마법의 소스를 개발하였다면, 그것은 강점이 된다. 하지만, 이 사장님의 자본력이 좋지 않아서 공격적인 마케팅을 하기에는 비용이 부족하다면 그것은 약점이 될 것이다. 위에서 언급된 '마법의 소스'나 '자금력이 좋지 않은' 문제는 전적으로 사업 내부의 문제이다. 하지만, 외부적인 요소로도 기회와 위협을 나눌 수 있다. 이 부분의 예를 들자면 다이어트에 대한 사회적인 인식이 늘어남에 따라 닭가슴살에 대한 선호도가 높아지고 있어서 이 치킨집 사장님이 주력으로 판매하는 안 퍼석한 닭가슴살이 인기가 있을 수 있다는 것은 기회다. 반면에, FTA 개방화 정책 이후에 아주 저렴한 닭가슴살 전문 판매업체가 프랜차이즈로 시장을 무차별적으로 침공하고 있는 상황은 위협이 될 것이다. 이렇듯 장점과 단점을 내부적인 요소와 외부적인 요소로 나누는 것이 SWOT분석의 구분법이라고 보면 된다. 그러면, 이런 SWOT에 대해 사업계획서

에서 어떤 방식으로 접근해 나가는 것이 좋을까?

사업계획서에서 뿐만 아니라 실제 사업을 할 때에는 장점요소인 강점과 기회에 집중을 하는 것이 바람직하다. 약점과 위협요소는 무시하라는 것이 아니라, 최소비용으로 최대효과를 낼 수 있는 방어보완 정책을 세우는 것이 바람직하다. 자금력이 부족한(약점) 사장님이 사업자금만을 확보하기 위해서 정작 강점인 소스에 집중하지 않고, 이리저리 투자만을 좇는 것은 결코 바람직한 사업자의 태도가 아니다. 그리고 기회라는 것은 반드시 지금 잡아야 하는 것이기 때문에, 닭가슴살에 다이어트를 접목한 타겟마케팅으로 시장을 확장하는 것이 바람직하다. FTA 이후 무차별적인 저가 닭가슴살의 공세(위협)에 고품질로 이겨낼 수 있는 대비책을 마련하는 것이 바람직하지, 저가격에 맞서 가격만을 내리다 보면, 결국 치킨싸움에 독특한 무기를 다 잃어버리고 실패할 수밖에 없다는 것이다. 이렇듯 SWOT분석을 직접 하다 보면, 본인의 사업에 대한 안목도 넓어지고, 사업을 진행하는 도중에 길을 잃어버렸을 때에 다시금 사업계획서를 꺼내들고 마음을 다 잡을 수 있게 되는 것이다.

3. 기본에 충실한 마케팅 실행전략

"기본으로 돌아가라"라는 말이 있다. 마케팅의 기본은 시장과 고객이다. 마케팅은 시장의 변화를 인지하고 소비자들의 구매 행동을 이해하는 데 초점을 두고 있다. 아무리 훌륭한 사업계획서라고 해도 빠르게 변화하는 시장에서 불규칙적으로 움직이는 소비자들에 대한 세심한 고민이 없다면 무용지물이 될 수도 있다.

마케팅은 정의로 미국의 마케팅 학회인 AMA(American Marketing

Association)는 2013년 7월에 "마케팅이란 소비자, 의뢰인, 파트너 그리고 넓게는 사회 전반에 걸쳐 가치가 있는 제공물을 만들거나, 알리거나, 전달하거나, 교환하도록 하는 활동이나 조직 구성 또는 그러한 과정을 말한다(Marketing is the activity, set of institutions, and processes for creating, communicating, delivering, and exchanging offerings that have value for customers, clients, partners, and society at large.)."라고 발표했다.

⬇ 그림 4-4 **마케팅의 개념**

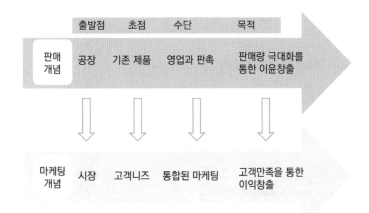

마케팅의 변천사를 살펴보면, 과거의 마케팅은 효율성을 중시한 생산개념으로 출발하였다면 지금은 그 생산성 중심에 고객의 관점이 자리를 차지하고 있다. 첫 번째, 생산개념으로 물건을 만들기만 하면 공급의 부족으로 무조건 팔린다. 싸게 많이 만드는 생산자에 초점이 맞추어져 있었다. 두 번째, 상품개념으로 대량 생산 시대로 넘어온 공급자들은 더 나은 성능과 품질, 디자인 등의 상품 품질이나 개선에 초점을 둔다는 개념이다. 세 번째, 판매개념으로 시장의 수요보다 공급량이 늘어나는 시대가 도래되어 재고가 늘어나고 어떻게 팔아야 할 것인지를 고민하는 시점이다. 판매개념은 전반적으로 생산개념과 상품개념을 모두 포함하고 있다. 네 번째, 마케팅개념으로 시장의 욕구를 정확히 파악하고 경쟁사보다 먼저 소비자의 니즈를 빠르게 충족시켜주어야 사업을 지속적으로 영위할 수가 있다. 판매개념이 공급자인 기업의 내부 시각에 맞춰져 있다면 마케팅개념은 소비자라는 외부 시각에 맞춰져 있다. 다섯 번째, 사회지향적 마케팅개념으로 고객의 욕구 충족과 기업의 적정 수익에 사회적 가치 향상이 합쳐진 개념이다. 즉, 기업이 마케팅 활동을 통해서 시장과 사회의 지속가능성을 추구하면서 사회적 가치를 향상시키는 것이다.

▣ 그림 4-5 **마케팅의 개념의 진화**

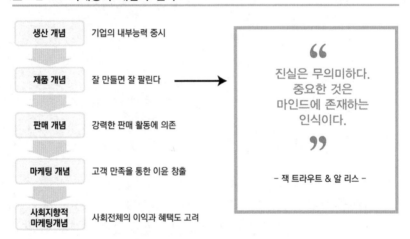

이러한 마케팅개념의 변화는 과거에서 현재로의 변화를 의미하기도 하지만, 기업의 성장과정 상에서 대응해야 할 전략적 포인트를 말하기도 한다. 학술적인 마케팅개념도 단순하지 않다. 개인과 조직의 목표를 만족시킬 수 있는 교환을 창출하기 위하여 아이디어, 재화 및 서비스에 대한 개념정립, 가격결정, 촉진 및 유통에 대한 계획을 수립하고 이를 수행하는 과정, 또는 조직과 이해관계 당사자에게 이익이 되는 방법으로 고객에게 가치를 창조하고, 알리고, 전달하며, 또한 고객관계를 관리하기 위한 조직의 기능과 일련의 과정으로 보기도 한다. 따라서 마케팅은 기업과 시장의 복잡하고 다양한 변화에 대응해 가는 과정을 포괄해야 한다.

한편 마케팅은 시장창출 활동계획 또는 시장에 접근하는 방법론으로 이해되기 때문에 사실상 기획(planning) 또는 전략(strategy) 의미를 포함하고 있다. 즉 마케팅 기획의 N. B. C. D 법칙을 보면, New (새로운 것), Better(더 나은), Cheap(저비용의), different(차별화 된) 것을 만들어내는 것으로서 기업의 마케팅 이유를 의미한다.

1) STP 전략의 원형

STP 전략은 Segmentation(세분화), Targeting(표적화), Positioning (포지셔닝)으로 마케팅에 있어서 매우 중요한 전략 중에 하나이다. 즉, 시장을 세분화하고, 세분시장 중 기업의 표적으로 하는 목표 세분시장을 선정하고 표적시장에서 경쟁사 제품과 경쟁우위에서 차별적으로 인지되도록 포지셔닝 전략을 세우는 것이라고 할 수 있다. 초기시장은 성장과 함께 특성화된 몇 개의 세분시장으로 나누어진다. 그리고 어느 세분시장이 매력도가 높을 것인지를 잘 평가해서 잠재성이 큰 세분화된 시장의 길목을 우선적으로 차지해야 한다. 시장의 매력도는 미래 시장의 성장성과 수익성, 그리고 잠재적인 시장규모의 크기 등을 평가하여 기업의 자원과 핵심 역량으로 공략가능한 세분시장을 선정한다.

시장세분화는 소비자가 추구하는 효용, 선택기준, 구매빈도 등의 행동에 차이가 나타나기 시작하면서 시작된다. 시장세분화란 기업이 서로 다른 욕구를 가진 다양한 소비자들의 집합인 하나의 시장을 특정 제품군에 대한 태도, 의견, 소비자 구매행동 등에서 동일한 성향을 가진 소비자 집단으로 집단화하는 과정을 말한다. 시장의 선택을 잘하기 위해서 각 시장의 크기, 시장잠재력, 고객의 특성 등을 철저하게 분석해야 한다.

◀ 그림 4-6 **STP 전략**

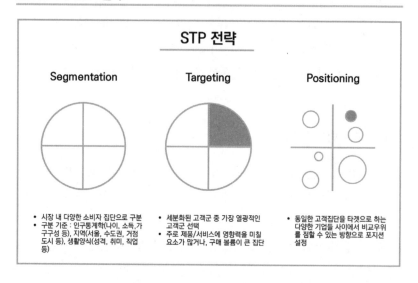

표적시장 선정이란 세분화된 시장을 기업이 가지고 있는 기준으로 평가하여 가장 적합도가 높은 매력적인 시장을 선택하는 과정이다. 세분시장에 대한 평가는 각 세분시장별로 구체적으로 이루어져야 하며, 시장의 규모, 시장의 성장률, 경쟁사 대비 차별성 등 시장요인과 기업의 목표, 자원 들을 고려해서 진행해야 한다. 표적시장을 선정하는 방법에는 세 가지 전략이 있다. 첫 번째, 비차별화 마케팅 전략은 시장이 비교적 동질적이거나 이질성이 매우 적은 경우에 취할 수 있는 전략이다. 두 번째, 차별화 마케팅 전략은 세분화된 모든 시장에 각각에 맞춤 마케팅 믹스로써 공략하는 전략이다. 마지막 세 번째, 집중화 마케팅 전략은 나누어진 세분시장 중 한 시장을 선택해서 그 시장에만 선택과 집중하는 전략이다. 특히 기업이 자원이나 역량이 한정되어 있을 때 하나의 세분시장인 니치 시장(niche market, 틈새시장)만을 공략하여 강력한 시장의 지위를 차지하는 전략이다.

■ 그림 4-7 **타켓팅 유형**

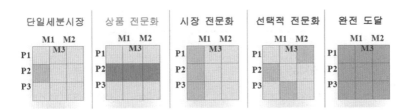

포지셔닝이란 기업이 세분시장 내에서 경쟁사와 차별적으로 자사의 제품을 시장에서 어떠한 자리에 위치시킬 것인가를 결정하는 것이다. 즉, 경쟁제품 대비 자사 제품을 소비자의 마음속에 상대적으로 어떤 자리에 위치시키는가를 결정하는 것이라 할 수 있다. 포지셔닝은 3단계로 구성되어 있는데, 첫 단계는 다른 경쟁제품 대비 경쟁적 우위를 파악하는 것이다. 경쟁제품이 소비자들에게 어떻게 인식되고 평가받고 있는지를 세부적으로 파악하는 단계이다. 두 번째 단계는 세분시장의 소비자들에게 어떤 점을 부각시킬지 경쟁적 우위를 선택하는 단계이다. 여러 가지의 경쟁적 우위점 중에서 커뮤니케이션의 효과를 고려하여 최적의 차별점 우위 숫자를 결정하는 것이 필요하다. 세 번째 단계는 선택한 경쟁적 우위를 커뮤니케이션을 통해서 소비자들의 마음속에 명확한 하나의 단어로 압축하여 인식시키는 단계이다. 즉 포지셔닝은 소비자들의 마음속에 가지고 있는 지도에 강력한 위치를 선점하는 작업이다. 소비자 마음속에 가지고 있는 지도를 지각도라고 한다. 진정한 차별화는 제품이 아니라 사람들의 머릿속에서 '인식'을 통해서 이루어진다.

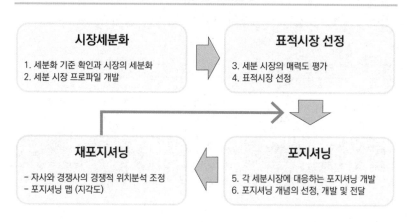

🔽 그림 4-8 **시장세분화를 통한 시장전략 수립절차**

시장세분화
1. 세분화 기준 확인과 시장의 세분화
2. 세분 시장 프로파일 개발

표적시장 선정
3. 세분 시장의 매력도 평가
4. 표적시장 선정

재포지셔닝
- 자사와 경쟁사의 경쟁적 위치분석 조정
- 포지셔닝 맵 (지각도)

포지셔닝
5. 각 세분시장에 대응하는 포지셔닝 개발
6. 포지셔닝 개념의 선정, 개발 및 전달

2) 마케팅 믹스 전략(4P = Product, Price, Place, Promotion)

목표 시장에 대한 성공적인 진입을 위한 마케팅 전술을 수립하는 데 있어서 빠짐없이 등장하는 프레임워크 중 하나가 바로 마케팅 믹스 4P 전략(Marketing Mix 4P strategy)이다. 보통 이를 줄여서 '4P'로 주로 표현한다. 4P는 Product(제품), Price(가격), Place(유통 채널), Promotion(홍보/촉진) 등 네 가지 구성요소의 앞 글자 P를 따서 만들어졌다. 이러한 전략은 결국 제품 혹은 서비스에 대한 마케팅을 논의할 때 주로 4P로 설명을 할 수 있다. 문제는 4P의 각 요소에 대한 정확한 이해가 없이 단순히 자사 제품 혹은 서비스에 대한 막연한 이해와 접근으로 활용을 하여 시장에서 어려움을 겪는 경우가 많다. 우리가 알고는 있지만 제대로 이해하고 활용하지 못하는 이 전략적 도구에 대해 고민해야 할 것이다.

마케팅의 4P(Product, Price, Place, Promotion) 측면에 따른 전략을 제시한다.

그림 4-9 **마케팅 4P 개념**

제품정책은 고객에게 실제로 판매(제공)하는 상품을 의미한다. 마케터는 단순히 상품 그 자체만 고려할 것이 아니라 상품이 고객에게 전달되고 나서 사용되고 폐기되는 전반적인 수명주기(Life Cycle)를 고려해야 한다. 제품수명주기(PLC: Product Life Cycle)로서 신제품이 출시되는 도입기, 매출이 급격히 성장하는 성장기, 성장률이 둔화되는 성숙기, 매출이 감소하는 쇠퇴기에 맞춰서 광고정책, 가격정책, 분배정책 등의 마케팅 전략을 수립해야 한다.

가격정책은 제품이나 서비스의 가치를 평가하는 지표라고 할 수 있다. 사업을 하는 데 있어서 가격의 역할은 세 가지로 나누어진다. 첫째, 가격은 제품의 품질에 대한 정보를 제공하는 역할을 한다. 가격이 높을수록 품질도 높을 것이라고 생각하는 현상도 있다. 둘째, 가격은 기업의 수익을 결정하는 유일한 변수이다. 다른 전략을 수행하기 위해서는 비용이 발생하는데, 오직 가격정책에서만 직접적인 수익에 영향을 미치는 요인이다. 셋째, 가격은 중요한 경쟁의 도구이다. 가장 신속하게 단시간에 변화시킬 수 있는 마케팅 전략이기도 하다. 따라서 가격정책은 고객이 상품에 대해 얼마만큼 가치를 인식하는가에 따라 결정되므로 이는 마케팅 계획 수립에 중요한 요소 중 하나다.

촉진정책은 효과적인 커뮤니케이션을 위해서 6단계로 구축할 수 있는데, 표적청중의 파악을 첫 단계로 하여, 커뮤니케이션의 목표설정, 메시지 디자인, 매체선택, 메시지 원천 선택, 마지막은 효과 측정 단계이다. 메시지를 전달한 후에는 반드시 표적청중에 대한 커뮤니케이션 효과를 측정해서 피드백 전략에 적극적으로 반영해야 한다.

유통정책은 제품이 제조업체로부터 최종 소비자에게로 상품 및 서비스를 이동시키는 과정에 참여하는 조직체라고 할 수 있다. 유통경로의 형태로 크게 네 가지로 나눌 수 있다. 첫 번째 유형은 제조업자가 중간상을 거치지 않고 직접 소비자에게 판매하는 형태인 직접 마케팅 경로이다. 두 번째 유형은 소매상이 제조업자로부터 제품을 공급받아 소비자에게 재판매하는 형태이다. 세 번째 유형은 제조업자와 소비자 사이에 도매상과 소매상이 개입되는 형태로서 가장 일반적인 경로 유형이다. 네 번째 유형은 제조업자와 소비자 사이에 여러 유형의 도매상이 관여하는 형태로서 도매상, 중간도매상, 소매상이 개입하는 형태이다.

마케팅 전략은 사업화하려는 제품이나 서비스가 어떠한 것인가에 따라 달라지므로 구체적으로 논하기 어려우나 위의 4P의 측면을 모두 고려하여 효과적인 마케팅 전략을 수립 구사하여야 사업의 성공을 이룩할 수 있다.

단계	체크리스트	분석방법
사전준비	• 마케팅 기획의 정확한 목적은 무엇인가? • 마케팅 기획의 범위는 어디인가? • 마케팅 기획의 주체는 누구인가? • 마케팅 기획의 목표와 효과는 무엇인가? • 마케팅 기획의 시기 및 기간은 언제인가?	FGI 브레인스토밍 인터뷰 체크리스트
환경분석	• 시장의 전반적인 사회/경제/문화적 트렌드를 기술했는가? • 현재시장규모에 대한 객관적인 근거를 제시했는가? • 향후 시장의 성장률에 관한 객관적인 근거를 제시했는가? • 시장이 전체 또는 다양한 세분시장으로 분석되었는가? • 경쟁사의 현재 전략을 분석했는가? • 경쟁사의 시장에서의 주요한 성과를 분석했는가?	BCG매트릭스 SWOT분석 앤소프 분석 5-Force 분석 PEST 분석

단계	체크리스트	분석방법
	• 경쟁사들의 강약점을 분석했는가? • 앞으로 잠재적인 경쟁자에 관한 분석이 담겨있는가? • 경쟁사와 차별화된 자사의 경쟁우위요소를 비교했는가? • 다양한 자료를 비교하여 객관적인 분석을 했는가?	
목표수립	• 현실적이며 달성 가능한 목표를 설정했는가? • 측정 가능한 범위의 구체적인 데이터로 목표를 제시했는가? • 계획기간 동안 합리적인 전략에 의해 달성 가능한 목표 범위인가? • 소비자들의 욕구와 니즈를 평가하여 목표를 수립했는가? • 기업 내 다른 부서와 목표수립방향에 관해서 공유했는가?	As is / To be 의사결정 매트릭스 로드맵 설정
STP	• 시장세분화의 명확한 기준과 근거를 제시하고 있는가? • 세부시장별 특성(수익성, 규모, 성장률) 및 향후 전망을 제시하고 있는가? • 마케팅 목적 및 목표를 고려하여 시장을 세분화 했는가? • 세분화된 시장의 고객의 구매행위 및 태도를 고려하여 세분화 했는가? • 세분화된 시장의 크기와 구매력이 측정가능한가? • 타겟시장이 적절한 시장규모, 성장률, 수익성을 가지고 있는가? • 타겟시장의 현재 및 잠재적 경쟁자를 고려했는가? • 타겟시장이 자사의 기업 목표, 자원 마케팅 믹스와 적합한가?	포지셔닝 맵 매트릭스 분석 시장매력도분석

단계	체크리스트	분석방법
	• 타겟시장이 현재 및 미래의 제약적인 요소는 없는가? • 고객을 고려한 차별화된 경쟁가치를 제안하고 있는가? • 경쟁사와 차별화된 경쟁우위의 가치를 제안하고 있는가?	
마케팅 MIX	• 제품의 핵심적인 가치를 제안했는가? • 경쟁사의 상품에 관한 전략을 설명하고 있는가? • 가격정책의 방향과 채택배경이 정확하게 기술되어 있는가? • 제품/서비스 가격수준이 경쟁제품의 가격수준과 타당한 수준인가? • 가격수준이 Cost 및 적정이익을 보장하고 있는가? • 가격이 전체매출 및 시장점유율에 어떠한 영향을 미치고 있는지 분석했는가? • 유통경로의 선택의 근거가 명확히 제시되었는가? • 유통경로별 판매량이 계량화되어 분석되었는가? • 제품/서비스가 고객에게 전달되기까지 전 과정이 분석되었는가? • 고객그룹별로 누가 구매의사결정권을 가졌는지 분석되었는가? • 프로모션 대상을 공략할 가치제안이 담겨져 있는가? • 고객을 획득하고 유지하기 위한 투입자원(기간, 자금, 인원)이 제시되었는가?	4P 분석 가치사슬 분석
일정	• 담당업무, 일정, 시작일, 종료일 등의 단위별 일정계획이 수립되었는가? • 전체 일정이 무리하게 짜여지지 않았는가? • 전체 일정 내에 주요업무범위 및 단위업무가 누락되지 않았는가?	간트챠트 (Gantt chart)

단계	체크리스트	분석방법
	• 타부서 및 외부기관과의 업무일정을 고려하였는가? • 통제되지 않은 일정을 고려한 일정계획을 세웠는가?	
예산	• 전체 예산범위 내에서 마케팅 예산을 고려하여 책정되었는가? • 마케팅 소요 단위 비용별로 세세한 예산이 수립되었는가? • 예산에 책정된 금액의 객관적인 근거가 제시되었는가?	손익분기점

4. 대박성공을 위한 사업아이템 선정하기(BMO평가법)

　사업과 관련된 일들을 하면서 새삼 놀란 것은, 대부분의 생업형 사업자분들이 사업아이템 선정하는 것에 많은 고민을 하고 있다는 것이었다. 소위 '대박'을 꿈꾸는 젊은 사업자가 많다고 생각하는 것 이상으로 '생업'을 위한 생계형 사업자분들도 너무나 많이 있다는 것을 실감하지는 못했던 것 같다. 아무래도, 사업계획서를 의뢰하시는 분들이 '생계형 사업'과는 거리가 좀 있는 분들이어서, 실질적으로는 소상공인의 소규모 생업형 사업이 많다는 것을 간과했었나 보다. 이런 경우, 소상공인 사업자가 사업을 앞두고 가장 크게 고민하는 것이 바로 '사업아이템'을 선정하는 것이다.(뒤이어 고민하는 것이 입지와 자금조달이다) 그래서, 여기서는 '사업아이템'을 선정할 때에 분석해야 할 것들에 대해 알아보도록 하겠다.

사업아이템 탐색기법 - 욕구탐색법과 제품탐색법

사업을 앞둔 창업자가 사업아이템을 무엇으로 할지를 고민하는데 어떻게 아이템 선정을 할 것인지, 무엇을 고려해야 하는지를 잘 모르는 경우가 있다. 그럴 경우에는 '무엇을 하고 싶은지'와 무엇을 할 수 있는지'를 분석하는 것이 필요하다. 이러한 분석을 통해 아이템을 탐색하는 것을 욕구탐색법이라고 한다.

욕구탐색법을 통한 아이템의 탐색은 우선 사업자의 니즈와 욕구를 나열하여 하고 싶은 아이템을 나열하고(사업목적, 배경, 가치관), 사업자의 강점과 약점을 분석하여 할 수 있는 아이템을 나열한다(핵심기술, 핵심자원, 프로세스). 이렇게 나열한 아이템을 하나씩 환경분석을 통해서 좋은 아이템을 골라낸다. 사업환경의 기회와 위협 등을 분석하여(외부요인) 시장환경과 경쟁환경, 고객환경을 분석한다. 반면, 욕구탐색법으로 아이템을 선정하는 데 문제가 있는 제조업의 경우에는 제품탐색법을 이용한다. 이 제품탐색법은 현재 존재하는 기존 제품의 용도와 기능을 조사하여, 동일하거나 변형을 가하는 새 제품을 만드는 아이템을 탐색해 보는 것이다. 기존 제품과 동일한 기능의 상품이라고 할지라도 마케팅이나 시장공략에 따라서 차별화를 둘 수 있고, 기존 제품을 변형하여 보다 나은 제품을 만드는 방식의 차별화나 기존 제품과는 완전히 다른 신제품을 만들어서 차별화나 강점을 만들어서 사업을 준비할 수도 있다. 이렇게, 욕구탐색법과 제품탐색법을 이용하여 하고자 하는 사업아이템을 후보군으로 만든 다음에는, 이런 사업아이템에 대한 선별작업을 해야 한다.

사업아이템 선별방법 - BMO Method

BMO평가(Bruce Merrifeld-One Method)는 신사업, 벤처투자의 사업성 평가를 위한 기법으로 적용되었는데, 점차적으로 수정, 보완되어 현재의 BMO Test로 알려지게 된 사업성 분석 방식이다. 이 BMO평가를 통해 사업아이템에 대한 보다 객관적인 점수를 부여할 수 있다.

▣ 그림 4-11 BMO 평가의 개념

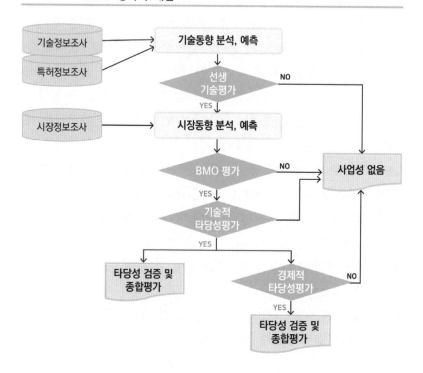

기본적인 프로세스는 위의 순서도와 같이 이루어진다. 기술동향 분석과 시장동향분석을 한 후에 BMO평가를 통해 사업성이 있는지 없는지를 알 수 있다. 평가방법은 아래의 점수표를 작성한다. 총점 120점을 두고 각 항목별로 자가테스트를 하거나 컨설턴트와 함께 항목별 점수를 줄 수 있다.

⬇ 표 4-2 **신규유망 ITEM Screening Chart 추가**

사업도(120)					
사업매력도(60)			자사적합도(60)		
사업진입에 매력이 있는가?			진입사업의 자사 적합성이 있는가?		
No	항목	평가	No	항목	평가
1	매출이익 가능성	10	1	필요자금 대응력	10
2	성장 가능성	10	2	마케팅 능력	10
3	경쟁 상황	10	3	제조 및 운영력	10
4	위험 분산도	10	4	기술력 및 고객서비스 능력	10
5	업계 재구축 가능성	10	5	원재료/부품/정보 입수력	10
6	특별한 사회적 상황	10	6	경영 지원	10
	합계	60		합계	60

크게 사업성 분석 만점을 120점으로 두고, 사업매력도(외부요인)와 자사적합도(내부요인)로 각각 60점씩을 부여할 수 있다. 상세한 항목별 설명을 해 보도록 하겠다.

1) 사업매력도 테스트방법

(1) 매출이익 가능성 [10점]

- 사업 개시 5년 후의 추정 시장 규모

10억 미만	10억~99억	100억~499억	500억~999억	1000억 이상
1점	2점	3점	4점	5점

- 매출액 영업이익율 (투자효율 ROI로 대체 가능)

1.00% 미만	1.00%~4.99%	5.00%~8.99%	9.00%~12.99%	13.00% 이상
1점	2점	3점	4점	5점

매출이익 가능성에 대한 부분은 시장규모와 매출액 영업이익률로 각각 5점 만점으로 줄 수 있다. 사업개시 후에 해당 아이템이 가지는 시장규모가 얼마가 되는지에 대한 예측을 해 보는 것이다. 또한, 아이템이 가지는 매출액 대비 영업이익률을 예측한다. 제조업을 하거나 크게 사업을 하는 경우가 아니라면, 대략적으로 투자효율 ROI로 간략하게 계산을 해 볼 수 있다.

ROI = 연평균 예상 이익액 / 평균 투자 예정액

연평균 예상 이익액 = 5년간 평균 예상 영업이익

평균 투자 예정액 = (투자액 + 잔존가치) / 2

예를 들어서 계산해 보자. 10억 원을 들여 공장과 기계를 설치해 놓은 회사가 있다. 이 회사의 5년 후 투자잔존가치는 6억 원이라고 가정하자(감가상각). 그러면, 평균투자예정액은 (10+6) / 2 = 8억 원이 나온다. 그리고 연 평균 예상 이익액이 2억 원이라고 할 경우에 ROI는 2를 8로 나눈 25%이다. 보통 ROI가 20%가 넘으면 뛰어난 사업이라고 할 수 있으니, 이 회사는 성공할까?

(2) 성장 가능성 [10점]

- **CAGR** (시장 진입 후 5년가 평균 시장 성장률)

5% 이상	10% 이상	14% 이상	20% 이상
●	●	●	●
3점	5점	7점	10점

- **추정시장 점유율**
(이미 성장기를 지난 사업의 경우 진입 후 5년 후 시장)

1.00% 미만	1.00% ~4.99%	5.00% ~8.99%	9.00% ~12.99%
●	●	●	●
3점	5점	7점	10점

성장 가능성은 시장이 계속 성장하고 있는지, 이미 기존 시장으로 성장기를 지났는지에 따라 점수를 나눌 수 있다. 해당 아이템의 시장이 초기시장이거나 성장기라면 연평균성장율(CAGR)로 계산한다.

$$CAGR = \left(\frac{End\ Value}{Beginning\ Value} \right)^{\left(\frac{1}{n} \right)} - 1$$

CAGR을 구하는 방법을 예로 든다면 1년차에 시장규모가 100억 원이고 5년 후에는 1,000억 원이 되는 시장이 있다고 하면,

$$CAGR = \left(\frac{1,000}{100} \right)^{\frac{1}{5}} - 1 = 58.5\%$$

엄청난 성장률이다.

만약에, 성장기를 지나버린 시장에 진입하려고 하면, CAGR 값이 좀 낮더라도 시장 성장성이 있다고 볼 수 있다.

(3) 경쟁상황 [10점]

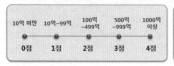

경쟁상황을 파악하는 단계이다. 선발기업이 틈새도 용납하지 않는 경우라면 0점을 주어야 한다. 아무래도 상품수명이 짧은 시장에서는 연구개발을 길게 하는 것보다는 빨리 제품을 출시하거나 대체제의 형태로 아이템을 바꿀 필요가 있으며, 특허나 실용신안 등의 타사의 참여 장벽이 높은 경우라면 점수를 줄 수 있다.

(4) 위험분산도 [10점]

- **세분시장 또는 응용분야의 다양성**
  - 설비 및 기술의 위험분산도 고려
  - 시장의 독립적 세분화도 및 세분시장의 크기를 정성적으로 고려

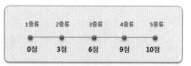

위험분산도는 만약 해당 시장이 없어지더라도 응용하거나 변형해서 다른 시장으로 넘어갈 수 있는 종류가 얼마나 되느냐에 따라 점수를 줄 수 있다. 아무래도 한 가지 시설을 가지고 다양한 시장의 제품을 만들 수 있다면 투자에 대한 위험도가 낮아질 것이다.

(5) 업계 재구축 가능성 [10점]

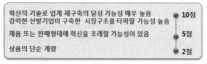

- 혁신적 기술로 업계의 재구축을 도출할 가능성 여부
- 제품과 판매형태까지의 혁신을 가지고 있으면 10점
- 제품이나 판매형태 중 한가지면 5점
- 상품의 개량만으로는 점수가 낮다

기존의 시장을 완전히 엎어버릴 만큼의 파급력이 있는 제품인 경우에 점수를 많이 주면 된다. 단, 이런 항목의 경우는 사업주가 주관적으로 생각할 수 있는 확률이 높으므로, 주변의 업계 전문가나 컨설턴트의 도움을 받는 것이 중요하다.

(6) 특별한 사업적 상황 [10점]

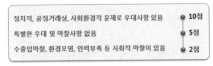

정치적, 공정거래상, 사회환경적 문제로 우대사항 있음	● 10점
특별한 우대 및 마찰사항 없음	● 5점
수출입마찰, 환경오염, 인력부족 등 사회적 마찰이 있음	● 2점

- 유리한 사회적 상황이 있을때에는 10점
- 아무것도 없을 때 5점, 문제가 있을 때 5점 미만
- 문제가 있어도 기본적으로 점수를 5점에서 깎아내려가는 방식이 특징적임

특별한 사업 상황은 사업의 진입장벽이 높은데, 본인만이 그 부분을 해결할 수 있는 능력이 있다면 10점이다. 이 부분의 점수는 남들과 동등한 조건이라면 0점이 아닌 5점이다. 여러 가지 문제로 인해 진입장벽이 본인에게도 있다면 점수가 낮다.

이렇게 여섯가지 항목에 대해 각각 10점씩의 배점을 하여 총점을 합산하면 사업매력도 점수가 나온다.

계속해서 자사적합도에 대한 테스트 방법도 설명하겠다.

2) 자사적합도 테스트 방법

(1) 필요자금 대응력 [10점]

필요자금에 대한 대응력 충분	● 10점
필요자금에 대한 대응력 보통	● 5점
필요자금에 대한 대응력 불가능	● 0점

(2) 판매 및 마케팅과의 적합성 [10점]

판로와 판매망의 노하우 및 조기시작 확보 가능	● 10점
기존판로 또는 판매망의 노하우 중 1가지가 있음	● 5점
판로 및 판매망의 노하우 없음	● 0점

막대한 자금이 필요한데, 그것을 마련할 수 있는 기업이 얼마 되지 않는데, 본인이 그것이 가능하다면 10점이 될 것이다. 반면에, 천만 원만 있으면 되는 사업에 본인이 그것이 가능하다고 해도, 남들도 다 가능하다면 점수가 낮게 된다. 판매 및 마케팅에 대한 부분은 본인의 회사가 기존 판매망을 구축해 놓고 있다거나 판매에 대한 경험과 노하우가 풍부하다면 점수가 높고, 처음 해 보는 일이라면 아무리 계획을 잘 세우더라도 점수를 낮게 배정한다.

(3) 제조 및 운영력 [10점]　　　　**(4) 기술 및 서비스 기획력의 적합성 [10점]**

기존제조시설(제조업) / 운영노하우(서비스업) 우수	10점
기존제조시설(제조업) / 운영노하우(서비스업) 보통	5점
기존제조시설(제조업) / 운영노하우(서비스업) 불량	0점

제품제조, 개발력 有, 신시장 전개 기술력, 기획 충분	10점
제품제조, 개발력 有, 신시장 전개 기술력, 기획 보통	5점
제품제조, 개발력 有, 신시장 전개 기술력, 기획 없음	0점

기존 제조시설이 있거나 서비스업의 경우에는 운영노하우나 거래처 등이 갖춰져 있다면 점수가 높다. 식당이나 로드샵과 같은 소매의 경우는 입지가 훌륭한 경우에도 점수가 높을 수 있다. 기술 및 서비스, 기획력의 적합성인 경우에는 제품개발 기술력이 있는지, 신시장으로 전개할 수 있는지, 사업에 대한 새로운 기획, 서비스 상품을 지속적으로 낼 수 있는지에 대한 능력을 볼 수 있다.

(5) 원재료 / 부품 / 정보입수력 [10점]　　**(6) 경영 지원 [10점]**

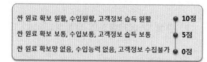

싸고 양질인 필요부품이나 원재료를 충분히 확보할 수 있는 경우에 점수가 높고, 원재료를 수입함에 있어서 정치적, 경제적 장벽이

높아서 원활하지 못한 경우에 대한 위험도가 높다면 점수가 낮다. 또한, 서비스업의 경우라면 고객확보를 위한 정보입수나 영업소스가 다양하고 많은지에 대한 점수를 줄 수 있다. 경영지원이 마지막 항목인데, 이 마지막 항목이 무엇보다 경영자의 멘탈과 비전이 중요한 부분이다. 해당 사업이 회사에서 차지하는 비중이 크면 클수록 점수를 많이 배당할 수 있고 담당자의 능력이나 경영자의 추진의지 등이 배점으로 반영될 수 있다. 만약, 이 사업이 아니면 절대 안 되는 상황이라면, 여기에서 점수를 15~20점 정도로 많이 줄 수 있다.

⬇ 그림 4-12 **사업적합 진단표**

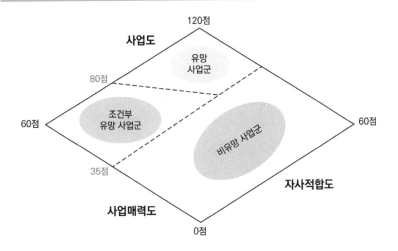

점수를 적은 후에는 위의 점수표에 본인의 점수를 기록하면 된다. 총점이 35~80점 사이라면 조건부 유망사업군으로 볼 수 있다. 이 경우에는 자사적합도의 점수를 높여서 유망사업군으로 만드는 것이 필요하다. 자사적합도를 높이지 못한다면 사업을 진행하는 것에 좀 더 많은 고민을 해야 한다.

새로운 사업을 구상하거나, 사업계획서를 작성하는 도중에 이

BMO 테스트를 실행하면 많은 도움을 받을 수 있다.

5. 사업성분석 - 시장성분석, 기술성분석, 수익성분석

앞서 사업준비를 하면서 전략의 중요성, SWOT분석방법, 마케팅 실행전략, 사업아이템 선정(BMO테스트)을 하는 방법을 설명했다.

사업아이템을 선정하면서 가장 중요한 것을 한마디로 요약하자면, "내 마음에 드는 아이템을 선정하는 것이 아니라, 고객이 원하는 아이템을 찾는 것"이라고 할 수 있어야한다. 오늘은 이렇게 선정한 사업아이템에 대한 사업성분석을 하는 방법을 알아보도록 하겠다.

⬇ 그림 4-13 **사업성분석 FLOW**

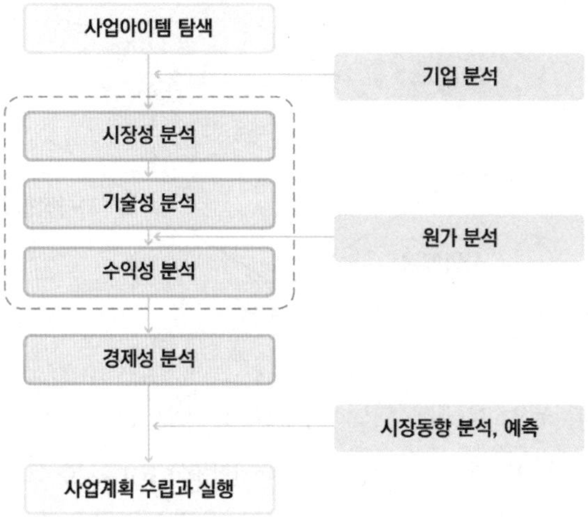

사업아이템을 선정하고 난 다음에, 해당 아이템에 대한 철저한 사업성분석이 이루어져야 한다. 사업성분석은 창업아이템에 대한 조

사분석을 통해 타당성을 검토하여 최적의 안을 선정하고 사업의 실행 여부를 결정하고, 사업을 위한 전략대안을 수립, 구체적인 실행계획을 준비하는 과정이다.

이 사업성분석의 항목은 시장성분석, 기술성분석, 수익성분석, 경제성분석으로 이루어지는데, 경제성분석은 수익성분석 내에서 함께 이루어지므로 시장성분석, 기술성분석, 수익성분석을 중심으로 알아보도록 하겠다.

🔽 그림 4-14 **사업타당성분석 FLOW**

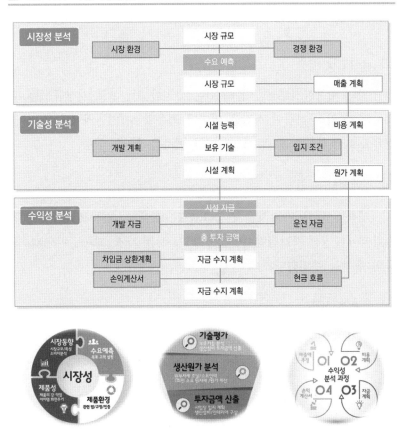

1) 시장성분석

시장성분석은 창업아이템을 시장에서 얼마나 팔 수 있는지의 수요조사를 통해서 예상매출을 파악하는 것이다. 매출시장의 크기에 따라서 시장성을 분별하게 된다.

(1) 시장환경 분석

통계청 자료를 기반으로 인구통계환경 및 잠재 고객의 수요를 조사하거나, 거시환경, 산업환경, 경쟁환경, 고객환경, 입지환경 등을 통해서 수요자에 대한 파악을 할 수 있다.

(2) 고객수요 예측

위의 시장환경분석을 통해 나온 수치를 기반으로 시장규모를 추정하고, 본인 아이템이 시장을 얼마나 점유할 수 있는지에 대한 시장점유율을 추정하고 고객수요에 대한 예측을 할 수 있다.

(3) 판매전략 수립

제품에 대한 기능적인 전략(고품질 고급화 vs 저가시장), 유통전략 수립(마케팅 등), 가격전략수립 등 4P(Product, Price, Place, Promotion) 등의 전략을 수립한다.

(4) 매출액 산출

시장환경과 고객수요, 판매전략이 나오고 나면, 매출에 대한 개략적인 계산이 나오는데 이러한 추정치를 가지고 예상 매출액을 산출한다.

(5) 시장성 평가

위의 분석에 대한 종합적인 분석을 통해 SWOT분석과 같은 형태로 시장성을 평가한다.

2) 기술성분석

기술성분석은 제품을 생산, 판매하는 데 소요되는 기술의 타당성과 원가 수준에 대한 분석이다. 기술의 타당성이라는 것은 기술력만을 평가하는 것이 아니라 원가(비용, 시간)에 대한 경쟁력을 함께 분석하는 것을 뜻한다.

(1) 보유기술 분석

제품의 특징(생산에 필요한 소요기술 검토)과 보유기술검토(수준, 활용도, 적합도 등) 및 기술타당성분석(보유기술의 경쟁성 및 유용성 등)을 분석한다. 특허나, 실용신안 등의 기술력으로 방어할 수 있는 부분이 있다면 유리하다.

(2) 투자금액 산출

투자금(사업장, 시설, 비품 등의 비용)과 투자금액의 적정성에 대한 계산을 한다.

(3) 제품원가 산출

제품원가 산출에 대해서는 무엇보다 목표생산량이 중요하다. 1차 테스트제품 500개를 생산하는 제품원가와 10,000개를 생산하는 제품원가는 다를 수밖에 없기 때문에 목표 생산량을 결정하는 것이 중요하다. 그 외에 생산에 필요한 직접비와 간접비를 산출한 다음 제품별

단위당 원가비율을 계산하여 적정성을 검토한다.

3) 수익성분석

수익성분석은 매출계획과 비용계획을 토대로 자금수지계획과 이익산출, 손익분기점을 분석하고, 캐시플로우(현금흐름)분석 등을 통해 수익성 검토를 한다.

(1) 매출계획 수립

매출계획을 수립함으로써 매출액을 추정할 수 있다. 단순히 매출계획을 수립하는 것이 아니라 제조업의 경우에는 총자산회전율을 감안해서 매출계획을 세워야 하며, 매출액 대비 원가비율이 높은 상품의 경우에는 회전율을 잘 계산해서 계획을 수립하는 것이 중요하다.

(2) 비용 산출

매출계획에 따른 재료비, 인건비, 지급임차료 및 기타비용을 계산한다.

(3) 자금수지계획 수립

매출액과 비용이 계산되었다면 총 소요자금에 대한 계산이 나오는데, 해당 소요자금 중에 자기자금과 차입자금 등의 계획과 차입금에 대한 상환계획, 이자비용계획 등을 수립한다.

(4) 이익 추정

지금까지의 계산이 되었다면 추정손익계산서를 작성할 수 있다. 매출액경상이익률과 총자산수익률을 검토하여 이익분석을 미리 해보는 것이 좋다.

(5) 손익분기점 분석

매출과 비용계획에 따른 손익분기점을 검토한다. 손익분기점 도달 개월 수를 정하고 목표매출액을 설정하는 것이 필요하다.

(6) 현금흐름분석

손익계산서와 추정재무제표를 3년~5년 정도로 예상하였다면, 월단위의 현금흐름 계획을 세워봐야 한다. 갑자기 큰돈이 들어가야 하는 시점에 여유자금이 없을 수 있는데, 현금흐름표로 예상 비용을 월별로 계획해 둔다면 그런 위험을 피할 수 있다. 또한 회수기관 분석과 NPV/IRR분석을 통해 투자수익률 분석을 할 수 있다.

수익성분석은 기업의 모든 활동을 종합적으로 반영하는 매우 중요한 경영성과의 지표다. 사업을 시작하기에 앞서 수익성분석을 철저히 해야 한다. 그냥 사업을 준비하는 것에 대해 돈 조금 있고 아이템 있다고 시작하는 것이 아니라 철저한 분석과 준비가 있어야 성공할 수 있다. 그러기 위해서는 사업계획서를 미리 작성해 두는 것이 가장 현명한 방법이다.

04장

자신에게 유리한 시장 환경을 만들어라!

창업은 기존의 시장 환경 속에 자신이 참여하면서 경쟁구도를 만들어 가는 것이다. 그 환경 속에서 승자가 되는 과정을 즐기는 것은 참 좋은 일이다. 하지만 그렇지 못한 것이 현실이다. 창업을 한다고 모두가 승자가 되는 것은 아니다. 그러면 어떻게 해야 성공한 창업을 할 수 있는 것인가? 자신이 가지고 있는 아이템으로 시장에서 경쟁한다는 것은 그리 쉬운 일이 아니다. 기존 경쟁자들은 자신이 유리한 환경을 만들어 두고 그곳에서 고객들과 소통하고 있다. 그러면 어떻게 해야 그러한 시장 환경 속에서 자신의 위치를 확고하게 할 것인가에 대한 고민이 될 것이다. 기존 경쟁자들이 확보한 시장 속으로 들어가는 것은 매우 불리한 조건이다. 이 조건을 극복하고 그 시장의 환경을 자신에게 유리한 쪽으로 만들어야 한다.

손자병법 地形(지형)편에 地形有通者(지형유통자), 有挂者(유괘자), 有支者(유지자), 有隘者(유애자), 有險者(유험자), 有遠者(유원자)라 나온다. 이는 전쟁을 준비하는 군대는 자신의 지형을 잘 알아야 하고 이를 적절하게 활용해야 한다는 뜻으로, 교통이 편리한곳, 들어가는 건 쉬우나 나오기 어려운 곳, 좁은 지형에서의 대치, 통행이 불편한 곳, 적과의 거리두기 등을 잘 활용해야 이길 수 있다는 이야기이다. 이 말에서 전하고 있듯이 자신이 기존 시장에서 이길 수 있는 시장 환경을 이해해야 할 것이다. 현재 자신의 아이템이 시장에서 경쟁자들과 어떠한 상황으로 대치하고 있는지, 자신의 제품이나 서비스를 어떠한 방식으로 전달해야 하는지 등에 대한 고민을 해야 한다. 기존의 경쟁자들과 가장 효율적인 경쟁 방식은 무엇인가에 대한 고민을 해야 한다. 전쟁에서 지형을 고민해야 하듯이 시장 진출 또한 자신에게 유리한 점을 찾아야 할 것이다. 자원과 비용들이 너무 많이 투입되는 출혈 경쟁보다는 자신에게 가장 유리한 부분을 발굴하고 강화시키는 전략 또한 고민을 해야 할 것이다. 결국 새로운 시장에서 성공한다는 것은 자신에게 유리한 지형을 구축하는 과정이다.

사업계획서 작성 실무

간이역

가던 길 멈춰서는 건 용기가 필요하다
브레이크를 밟는 힘은 넘치는 욕심을 거둬내는 일이다
남들보다 더 속도 내고 싶은 과욕이
삶의 즐거움과 여유의 공간을 빼앗기고

대나무가 마디를 접고 한단계 올라가듯
인생의 마디를 접고 다음으로 가는 길목에서
쉼 없이 달리는 시간은 혹여 구멍 났을지 모를 독에
욕심을 가득 채우고 가는 길이다

자연의 순리를 거스르며 멈추라는 신호
외면한 채 달리다 보면
회오리에 깊숙이 빠져들어
조각 난 어둠의 미래가 있다

미숙한 우리의 마음은 언제나
영혼보다 앞서서 서두르고 있다
숨 가쁘게 오느라 미처 따라오지 못한 영혼
뒤돌아보고 기다려야 할 간이역

  - "기억이 추억한다" 中에서 -

1. 정부 지원 사업 사업계획서 작성 방법

1.1 작성 전 준비사항

사실 잘 찾아보면 중소기업들을 위한 연구개발, 마케팅, 기술지원, 인력양성 등 지원 받을 기회가 많은 편이다. 하지만 대부분의 중소기업들은 이러한 정보에 접근하지 못할 뿐 아니라 정부 지원 사업에 대한 경험과 내부 인력 부족으로 사업 지원에 엄두를 내지 못하고 있다. 솔직히 정부 지원 사업을 받는 것이 쉬운 일은 아니지만, 정보를 얻고 학습하여 제품 개발을 위한 다양한 경험을 쌓아 나아가는 과정은 기업 경영에 도움이 되는 것만은 분명하다.

정부 지원 사업은 어려운 중소기업을 돕기 위한 목적에서 출발했지만 누구에게나 주는 지원은 아니다. 일정한 요건과 자격을 갖추고 절차를 거쳐야만 한다. 그리고 이러한 절차를 거치기 위해서 사전에 준비해야 할 사항들이 있다.

정보를 얻어라!

정부 지원 사업은 종류도 많고 절차 또한 다양하고 복잡하다. 이러한 사업에 접근하기 위해서는 무엇보다 정보를 얻는 것이 가장 먼저 해결할 과제이다.

관련 기관 홈페이지 및 알림 메일 활용

수시로 중소기업 관련 기관의 홈페이지에 올라오는 정보를 확인하라. 그게 어렵다면 푸시 메일이나 문자 서비스를 신청해 두는 것이 좋다.

사업공고 확인

사업공고에는 사업의 목적, 사업내용, 예산, 과제별 지원 금액, 지원 기간, 자격 요건 등 사업과 관련된 기본 내용들이 충실하게 들어가 있다. 사업계획서 작성을 위한 교과서와 같은 셈이다. 때문에 꼼꼼히 읽고 정리해야 한다.

사업 설명회 참석

정부 사업에 처음인 경우 공고 내용만으로 사업 전반을 이해하기 어려울 수 있다. 사업설명회를 통해 직접 내용을 확인하고 질의응답을 통해 좀 더 심도 있게 사업내용, 절차, 평가방법 등을 사전에 확인할 수 있다.

담당 간사에게 질문

사업 간사는 사업 내용, 절차, 평가방법 등 사업에 대해 가장 잘 아는 전문가다. 공고, 규정, 사업 설명회를 통해 이해가 되지 않는 부분은 담당자에게 문의해야 한다. 3~5년 정도의 경험이 있는 담당 간사는 규정 해석 능력과 평가에 대한 경험이 많아 기업에게 큰 도움이 될 수 있다.

공부하라!

정부 사업에 지원하기 위해서는 학습이 필요하다. 세상에 그냥 주는 공짜 점심은 없다. 사업 지원을 받기 위해서는 관련 내용을 학습하고 충분히 이해하고 있어야 한다. 정부 사업계획서 작성은 일반 기업에서 제품 개발을 위한 프로젝트 기획 과정과도 비슷하기 때문에 장기적으로는 기업 제품 기획역량을 높이는 데 도움이 된다.

사업의 목적, 규정, 절차를 먼저 알아야 한다. 정부 지원 사업은 기업에 돈을 쥐어 주는 게 목적이 아니다. 사업마다 기업에 요구하는 정책적 목적이 있다. 이에 맞춰 사업계획서를 작성해야 한다. 또한 정부가 진행하는 모든 일은 절차에 따라 움직인다. 따라서 절차와 규정을 잘 알아야 사업을 지원 받는 데 더 유리하다.

정부 지원 사업도 영업이다!

앞서 얘기한 것처럼 예산의 한계로 모든 기업이 정부 지원 사업을 받을 수는 없다. 왜 받아야만 하는지 설득하는 과정이 필요하다. 가끔 사업 지원을 하고 평가를 받을 때 일부 기업들은 우리기술이 세계 최고라고 주장하고, 평가위원들이 평가를 잘못했다고 주장하기도 한다. 하지만 이들 중 상당수는 평가 절차를 잘못 이해하고 있는 경우다.

평가 과정에는 기술 평가도 있지만 기술 자체보다는 '어느 기업을 지원했을 때 정책적 목표를 달성할 수 있을까?', '어느 기업을 지원하는 것이 더 정부 자금을 가치있게 쓸 수 있을까?'라는 관점에서 접근한다. 따라서 평가위원을 설득하기 위한 사업계획서 작성뿐만 아니라 발표 기술이 필요하다.

1.2 사업계획서 어떻게 작성할 것인가?

사업계획서는 사업별, 부처별, 연구단계별로 양식에 차이가 있다. 가장 중요한 부분은 과제명, 연구목표, 사업비, 연구체계이다. 그밖에 시장성, 판매처 확보 방안 등이 중요한 평가 판단 요소가 된다. 따라서 이를 중심으로 사업계획서 작성 방법을 제시하고자 한다.

1)과제번호		2)지역		3)주력산업명	

지역특화산업육성+(R&D) – 지역주력산업육성 사업계획서

4)과제명	국 문				
	영 문				
5)주관기관	기관명		사업자등록번호		
	대표자 성명		법인등록번호		
	주 소	(-)			
	유 형		중소기업		
6)총괄책임자 (과제책임자)	성 명		생년월일	19××.××.××	
	부 서		전 화	×××-××××-××××	
	직 위		팩 스	×××-××××-××××	
	E-mail		휴대전화	×××-×××-××××	
7)총 수행기간		2020.12.01. ~ 2021.11.30. (12개월)			

8)사업비(천원)	구분		1차년도	2차년도	합 계
	국 비(지방비)				
	민간 부담	현금			
		현물			
	합 계				

9)참여기관	기관명	책임자	전화	유형
			×××-××××-××××	
			×××-××××-××××	
	참여기관·기관수	중소기업( )개, 중견기업( )개, 대기업( )개, 대학( )개, 연구소( )개, 기타( )개		

1) 접수번호 : 전산 접수 시 부여된 "접수번호" 기재
4) 과제명 : 기술개발 과제의 과제명 기재
   ◦ 기술개발 내용을 명확히 표현될 수 있도록 과제의 명칭을 구체적으로 기재
   ◦ 과제명 작성 방법을 참고로 개발내용이 잘 드러나도록 작성
7) 총수행기간
   ◦ 개발사업 전체 착수일부터 종료일까지 기재
   ◦ 사업공고에 착수 예정일이 표시되어 있으니 참고
   ◦ 총 사업기간은 공고상에 명시된 기간 범위 안에서 작성
     예) 2년 이내, 3년 이내
8) 사업비
   ◦ 개발기간에 소요되는 사업비를 국비(지방비)와 민간부담금으로 구분하여 기재
   ◦ 기업규모별로 국비, 민간부담금 비율, 민간부담금 현금 비율은 공고 내용
     확인이 필요

과제명 작성

① 과제명은 과제 핵심내용이 명확하고, 쉬우면서, 간결하게, 과학적·기술적으로 표현 가능한 쉬운 용어를 활용

② 과제명은 R&D 목적, 적용 대상, R&D 목표, R&D 목표(기술)수준, R&D 단계라는 5개 R&D 속성이 포함되는 것을 원칙으로 하여 작성하되, R&D 목표(기술)수준, 적용대상은 과제명에 반드시 포함되어야 함

R&D 목표(기술) 수준은 수치적으로 명확하게 제시하여야 함

■ 표 5-1 R&D 속성을 고려한 과제명 작성 방법 및 예시

속성	표현방법	작성방법	작성사례(예시)
R&D 목적	" ~을 위한"의 형태	R&D를 통해 해결하고자 하는 과학적·공학적·사회적 목적이나 파급효과 등을 표현	㉮ 6G bps 무선멀티미디어 통신 서비스 제공을 위한 ㉯ Euro-6 배기가스 규제 대응을 위한 ㉰ IT조명 통신융합을 위한
적용 대상	" ~용"의 형태 ※ 단, 적용되는 시장이 특정국가 및 산업시장을 지칭하는 어휘는 사용금지	R&D 결과의 적용 대상이나 R&D 결과물이 적용될 시장·산업분야 등을 구체적으로 표현	㉮ 유무선 통합 중계기용 ㉯ 디젤자동차용 ㉰ LED용
R&D 목표	주로 " ~기술"의 형태	R&D를 통해 구현될 기술을 표현	㉮ 트랜시버 원천기술 ㉯ 엔진시스템기술 ㉰ 가시광 RGB 선별 무선통신 기술

R&D 목표 (기술) 수준	주로 " ~급"의 형태	R&D 기술의 수준, 핵심성능 및 사양 등을 정량적으로 표현	㉮ 60 GHz급 밀리미터파 기반 ㉯ 최고효율 50% 이상 증가된 2L급 ㉰ 380~780 나노미터
R&D 단계	'기초/응용/개발' 등 R&D 단계 표현, 명확한 R&D 단계 표시가 불가능한 경우, 전체 과제명으로 파악 가능하도록 작성		㉮ 기초단계 ㉯ 응용단계 ㉰ 개발단계

※ 지식경제부 과제명 작성 가이드라인 참고

③ 연구범위를 포괄적으로 제시한다든지, 기술수준이나 목표가 드러나지 않도록 의도적으로 모호하게 작성하지 말아야 함

④ R&D 결과물과 기술적 · 직접적으로 연관성이 적은 용어와 불필요하게 화려한 용어는 사용하지 않는 것이 유리함. 구체적인 규격이나, 범위 등을 함께 활용 · 작성하는 경우에는, 사용이 가능함

* 코로나 시대를 위한...., 4차산업, 고부가가치, 차세대, 첨단, 녹색, 그린 등
** 초고속 열차(×)→ 400Km/hr 초고속 열차, 저전력(×) → 시간당 10W 전력을 소비하는 등

▨ 목표 작성 방법

기술개발의 최종목표는 기술적 측면에서 명확하고 구체적으로 설명하되 개조식으로 이해하기 쉽게 작성하는 것이 좋다. 필요하면 그림이나 표 등을 활용하는 것도 좋은 방법이다.

주로 중소기업이 수행하는 단기 사업화 과제는, 추상적이거나 과장적인 표현은 자제하고 사업의 목표가 명확하게 드러나는 것이 유리하다. 이전에 유사한 정부과제를 한 경험이 있다면 이전 사업의 목

표를 기준으로 제시하고 발전된 목표를 더해 중복을 피하는 방법도 있다.

예를 들어 목표 상향, 생산 방법 변경, 제품 크기 축소 또는 확대, 정밀도 향상 등 시장의 요구에 맞게 목표를 조정하여 구체적으로 제시해야 한다. 그렇게 하면 평가위원들이 기반 기술이 잘 갖추어져 있고, 목표가 구체적이라고 판단할 수 있는 여지를 남기게 된다.

5-1-1. 종합목표

최종목표	0000병을 방제하는 농약이나 친환경유기농자재가 전무한 현실에서 식물유래 천연물질을 이용하여 0000병을 친환경적으로 방제할 수 있는 친환경유기농자재를 개발하여 산업화한다.		
연차목표	1차년도	• 경제적 성과 : 고용 02명 • 기술적 성과 - 0000병에 대한 식물유래 천연물질의 선발 - 0000병원균의 전염 경로 파악 등 발생생태에 관한 연구 - 타 세균과의 관계분석 - 0000병 현장 진단법 개발을 위한 기초연구 - 0000병 방제를 위한 친환경유기농자재 제형 개발 - 항세균활성 식물 유래 천연물질의 다양한 제형의 방제 효과 검정 - 특허 출원을 통한 지식재산권 확보 - 항세균활성 식물유래 천연물질의 유효성분 물질 분리 및 동정		
	2차년도	• 경제적 성과 : 고용 01명 • 기술적 성과 - 식물유래 천연물질의 대량생산을 위한 원료 확보 및 제제공정 확립 - 0000병 현장 진단법 농가 실증 시험 - 0000병 방제법 개발 - 박과 작물 재배 농가를 대상으로 농가실증시험 - 항세균활성 식물유래 천연물질 중 지표화합물의 정량·정성 분석법 확립 - 시제품의 안전성 시험 및 안정성 검사 - 시제품의 친환경유기농자재 목록공시 등재 및 시제품 생산		
수행기관	㈜0000	00대학교 산학협력단	00대학교 산학협력단
추진전략	• 0000병에 대한 항세균성 물질 선발 • 제형화 및 대량 생산 공정 확립 • 실내(온실) 및 농가 실증 시험 • 시제품 개발 및 시제품의 안전성·안정성 평가 • 특허 출원을 통한 지식재산권 확보 • 항세균활성 식물 유래 천연물질의 대량 확보	• 0000병 현장 진단 및 방제법 개발 • 0000병원균의 전염 경로 파악 등 발생생태 연구 • 항세균활성 식물 유래 천연물질의 다양한 제형의 방제 효과 검정 • 유사 세균과의 유연관계 분석 • 시제품의 농가실증시험	• 국내외 자생식물 100여 종 이상으로부터 항세균 활성 검증 • 항세균활성 식물 유래 천연물질의 유효성분 물질 분석 및 동정 • 지표화합물 확보 • 지표화합물의 정량·정성 분석법 확립

추진체계 작성 방법

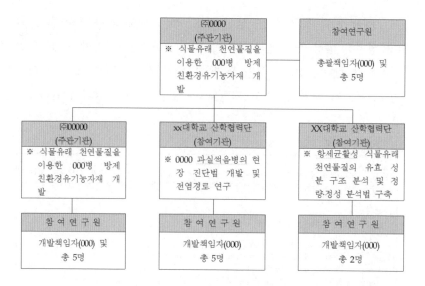

주관 기관이 핵심 기술을 개발하고 주도적인 역할을 하도록 구성해야 한다. 주관과 참여 기관의 역할이 모호하거나, 참여 기관의 역할이 상대적으로 더 큰 경우 평가 과정에서 공격 받을 수 있다.

또한 주관 기업이 가지고 있지 않은 역량은 외부 기관과 협력을 통해 보완해야 한다. 주관 기관만으로 목표 달성이 어려운 경우 평가에서 불이익을 받을 수 있다.

그래서 사업계획서 작성 시 개발하고자 하는 기술을 세부 기술별로 구분하고, 주관 기관과 참여 기관이 역할을 분담하여 연계하도록 작성해야 한다. 이때 참여 기관은 주관 기관의 부족한 점을 보완할 수 있는 기관을 선정하는 것이 유리하다.

다음 원칙에 따라 작성하는 것이 좋다.

① 주관 기관의 역할이 50% 이상(사업내용, 사업비 측면에서)으로 세워야 한다.

② 주관 기관의 보완적 역할을 할 수 있는 학교, 연구소, 기업 등이 참여 기관으로 설정하여야 한다.

③ 각각의 역할이 중복되지 않고 명확하게 구분되어야 한다.

정량적 목표 작성 방법

5-1-2. 기술개발 목표

평가항목 (주요성능Spe.	단위	전체항목에서 차지하는 비중(%)	개발목표치 1차년도	개발목표치 2차년도	평가방법[3]
1. 항균활성 천연물질의 제형화	제형수	5	4	0	농업기술평 이화학성 평가법
2. 천연물질 제형의 항균활성	방제가(%)	2.5	> 70	0	MIC test
3. 천연물질 제형의 지속시간	Day	2.5	> 5	0	농촌진흥청 약효 기준 시험법
4. 형광단백질 발현 박테리아 이용 박테리아 추적시스템 개발	GFP유전자 발현	10	> 80	> 90	유전자 발현정도 평가
5. 항균활성 천연물질의 유효성분 물질 분획 및 구조 동정	물질 수	5	2	0	구조 동정 Low data 확보
6. 지표화합물 확보	물질 수	5	0	2	실내 약효평가에 의한 최우수 물질 선발
7. 항균활성 천연물질의 정량·정성 분석법 구축	분석법	5	1	1	분석법 정립
8. 0000병 현장 진단을 위한 primer 제작	Primer 개발	10	> 80	> 90	PCR을 통한 증폭 여부 검사
9. *A. avenae* subsp. *citrulli*의 유연관계분석	유연관계	10	> 80	> 90	유연관계분석
10. 시제품의 이화학적 안정성	%	2.5	0	1	농촌진흥청 시험법

평가방법 및 항목은 기술개발 내용 및 목표와 상호 연계성이 명확하게 드러나야 한다. 정량적 목표는 최종목표를 달성하였을 때 측정할 수 있는 항목들로 예상되는 결과물이다. 예를 들면 특허, 기술수준, 성능, 품질, 시제품, 도면, 기술문서 등이 제시되어야 한다. 정량적 목표는 최종평가 시 성공과 실패를 나누는 중요한 기준이 되는 셈이다. 각 항목에 대해서 공인인증기관 성적서를 제시하는 것이 가장 좋지만, 개발 기술의 성격에 따라 표준화된 시험 방법이 없는 경우 시험방법을 구체적으로 제시하고 외부 기관에 의뢰하여 확인하는 것도 하나의 방법이다.

기술 수준은 과장하지 않는 편이 유리하다. 대부분의 중소기업 대표가 자사의 기술이 세계 최고라고 이야기한다. 객관적인 증거가 없다면 신뢰를 떨어뜨리는 요인으로 작용할 수 있다. 따라서 객관적으로 기술 수준을 명시하는 것이 좋다. 중소기업이 수행하는 과제의 대부분은 단기 사업화 과제이기 때문에 달성할 목표도 굳이 세계 최고가 될 필요는 없다.

세부 내용은 다음을 참고로 구체적으로 작성하여야 한다.

① 주요 성능 Spec은 정밀도, 회수율, 열효율, 인장강도, 내충격성, 작동전압, 응답시간 등 기술적 성능 판단 기준이 되는 것을 의미한다.

② 분야별 개발내용에 적정하게 항목에 따라 구체적으로 수치화하여 반드시 제시하여야 한다.

③ 비중은 각 구성성능 Spec.의 최종목표에 대한 상대적 중요도를 의미한다.

④ 현재 기술 수준을 작성하여 개발목표치와 비교가 가능하도록 작성한다.

⑤ 평가방법은 공인규격상의 시험검사방법을 기재한다. (예: KS…, JIS…)

사업비

가. 비목별 총괄현황

(단위:천원)

비목	사용용도		현금	현물	합계	구성비 (%)	비고
직접비	인건비		20,844	26,280	47,124	45.19	
	학생인건비						
	연구시설·장비 및 재료비	시약 및 재료 구입비	39,390		39,390	37.77	
	연구활동비	국내 학회 참가	800		800	0.77	
		문헌 구입비	300		300	0.29	
		특허정보조사비	1,000		1,000	0.96	
		전문가활용비	300		300	0.29	
	연구과제 추진비	국내 출장비	4,850		4,850	4.65	
		사무용품 및 인쇄비	1,516		1,516	1.45	
	연구수당		7,000		7,000	6.71	
	소　계		76,000	26,280	102,280	98.08	
간접비	특허출원		2,000		2,000	1.92	
	소　계		2,000		2,000	1.92	
합　계			78,000	26,280	104,280	100	

사업비 구성은 연구내용과 목표를 달성하기 위해 실질적으로 필요한 연구비 사용 내역을 작성하는 것이 좋다. 연구개발사업 수행 및 목적에 부합하지 않는 사업비 사용 계획을 작성하는 경우 평가과정에서 불이익을 받을 수도 있다.

예를 들어 소프트웨어를 개발하는 과제에 측정 장비를 구입한다고 작성하거나 또는 의약용 단백질을 생산하는 과제에 사무용 컴퓨터를 구입하는 것은 사업 내용과 관계가 없다.

또한 생산과 관련된 과도한 시약 재료비, 사업과 관련 없는 해외

출장 등을 사업계획서에 넣으면 평가 과정에서 불리할 수 있으니 주의가 필요하다.

따라서 애매한 경우 관련 규정을 확인하고 담당 간사와 사전에 잘 협의하는 것이 필요하다.

다음을 확인하여 사업비 사용계획을 작성하는 것이 좋다.

① 사업추진을 위한 재원조달 계획이 명확한가?

② 수행기관별 역할 및 개발 내용에 따라 적절하게 예산을 배분했는가?

③ 연도별 수행기관의 역할, 연구과제 개발내용과 사업비 편성 내용의 일치하는가?

④ 사업비 규정에 어긋나는 내용은 없는가?

▶ 직접비

인건비

- 참여연구원의 인건비는 주관 기관의 급여기준에 따른 실 지급액에 참여율을 적용하여 산정한다.
- 주관 기관의 과제책임자 및 참여연구원은 10% 이상 참여를 원칙으로 한다.
- 과제책임자로서 동시에 수행할 수 있는 과제는 최대 3개 이내로 하며, 연구원이 동시에 수행할 수 있는 국가연구개발사업 과제는 최대 5개 이내 (이 경우 과제책임자 과제 수도 포함)이어야 한다. 다만, 다음 중 어느 하나에 해당하는 과제는 포함하지 아니한다.
  - 사업 신청 마감일로부터 6개월 이내에 종료되는 과제
  - 사전조사, 기획 · 평가연구 또는 시험 · 검사 · 분석에 관한 과제
  - 세부과제의 조정 및 관리를 목적으로 하는 기술개발과제
  - 중소기업과 비영리기관의 공동기술개발 과제로서 국가과학기술위원회가 관계 중앙행정기관의 장과 협의하여 그 금액 등을 별도로 정하는 사업(비영리 법인 소속 연구자의 연구개발과제 수 계산에 대해서만 적용한다.)
  - 국가과학기술위원회가 관계 중앙행정기관의 장과 협의하여 별도로 정하는 금액 이하의 소규모 연구개발 과제
  - 위탁연구개발과제
- 참여율은 해당연도 과제에 실제 참여할 수 있는 비율로서 동일인이 다수의 정부출연 과제 및 기관 고유 사업에 참여하는 경우 총 참여율이 100%를 초과할 수 없다. 다만, 정부출연연구기관 및 특정연구기관 등 인건비가 100% 확보되지 않은 기관에 소속된 연구원이 새로운 연구개발과제에 인건비를 계상할 때에는 이미 수행중인 연구개발과제 참여율을 모두 합산한 결과 130%를 넘지 않는 범위에서 계상하며, 과제 참여율의 최대 한도를 이미 확보한 연구원은 연구수당 등 연동비목 계상을 목적으로 기술개발과제 참여율을 계상하여서는 안 된다. (단, 기관 총 소요 인건비의 100%를 초과하지 않도록 인건비 지급총액을 관리하여야 한다.)

- 지식서비스 분야의 개발내용을 포함한 과제를 수행하는 중소기업 소속 연구원의 인건비를 현금으로 계상할 수 있다.
- 신규 인력 인건비는 주관 기관이 참여연구원을 신규 채용하는 경우에 해당 인력 1인당 신청인건비의 100%까지 현금으로 계상할 수 있다. 이때 신규 채용 인력은 해당 기술개발사업의 사업공고일 기준 6개월 이전부터 기술개발 종료일 이내에 채용된 경우를 말한다.
- 상기 신규 참여연구원 인건비 금액만큼의 기존 참여연구원의 인건비를 현금으로 계상할 수 있다.
- 외부 인건비는 주관 기관, 참여기업, 위탁기관 등 수행기관에 소속되어 있지 않으나 해당 기술개발사업에 참여하는 연구원의 인건비로 현금으로 산정할 수 있으며, 단, 평가위원회에서 인정하는 경우에 한하고, 기업, 대학, 국·공립연구기관의 정규 직원은 외부연구원으로 계상할 수 없다.
- 「국가과학기술 경쟁력강화를 위한 이공계지원특별법」 제18조에 따라 연구개발을 전문으로 하는 연구개발서비스업자로 신고한 기업 중 해당 연구개발과제에 직접 참여하는 연구원의 인건비는 현금으로 산정할 수 있다.
- 「중소기업창업 지원법」에 따라 접수 마감일 기준으로 창업일로부터 7년이 지나지 아니한 창업기업 소속 직원, 육아부담으로 시간선택제로 근무하는 중소기업 소속 여성연구원, 그 외 중소벤처기업부장관이 현금으로 계상하여 지급하는 것이 필요하다고 인정하는 연구원의 인건비는 현금으로 산정할 수 있다.
- 산업위기지역 소재 중소기업으로서 산업위기지역 지정기간 내에 사업공고 된 과제의 경우 정부출연금의 50% 이내 소속 연구원에 대한 인건비를 현금으로 계상할 수 있다.
- 인건비를 현금으로 산정한 경우 평가위원회에서 인정한 경우에 한하여 인정한다.
- 비영리법인의 연구 지원인력에게 지급하는 인건비는 기술개발과제 수행기관이 정한 기준이 있는 경우에는 그 기준에 따라 계상하고, 수행기관이 정한 기준이 없는 경우에는 실제 필요한 경비를 계상한다.
- 해당연도 인건비의 세부 산정기준은 다음과 같다.

구 분	산 정 기 준		
내부 인건비	구분		세부 산정기준
	정부출연 연구기관 및 특정연구 기관	연봉제 적용기관	▪ 연봉총액/12 × 참여기간 × 참여율

		연봉제
		비적용
		기관
			▪ 정부인정 12개 항목/12 ×
			  참여기간 × 참여율
			  - 기본급여(기본급, 상여금)
			  - 정액급(기본연구활동비, 능률
			    제고수당기본급)
			  - 복리후생비(가족수당, 중식보조비,
			    자가운전보조비)
			  - 법적부담금(퇴직급여충당금,
			    국민연금, 건강보험, 고용보험,
			    산재보험)

	중소기업, 대학 등		▪ 소속기관 규정에 따른
			  실지급액/12 × 참여기간 ×
			  참여율

	개인사업자 대표		▪ 전년도 종합소득세 신고액 기준
			▪ 소득이 없거나, 상용근로자 월
			  평균급여(3,707천 원)* 이하인
			  개인사업자 대표는 상용근로자 월
			  평균급여로 계상
			* 고용노동부 '17년 상용근로자 1인당
			  월평균 임금 기준

	※ 근무년수가 1년 미만인 자 등 전년도 연말 정산기준 급여총 액을 알 수 없는 정규직원의 인건비는「월 평균급여액 × 참여기간 × 참여율」로 산정하여 적용 ※ 4대보험과 퇴직급여충당금의 본인 및 기관 부담금 포함해서 산정가능		

구 분	산 정 기 준

<table>
<tr><td colspan="2">구분</td><td>세부 산정기준</td></tr>
<tr><td rowspan="6">외부
인건비</td><td>외부기관에
소속된 자</td><td>▪ 원소속기관의 급여기준에 따름.
단, 기업, 대학, 국립 · 공립연구기관의
정규직원은 외부인건비 계상불가</td></tr>
<tr><td>급여총액을
알 수 없는
외부연구원</td><td>▪ 박사 이상 : 3,000천 원 × 참여기간 ×
참여율
▪ 박사과정 : 2,500천 원 × 참여기간 ×
참여율
▪ 석사과정 : 1,800천 원 × 참여기간 ×
참여율
▪ 학사 이하 : 1,000천 원 × 참여기간 ×
참여율</td></tr>
<tr><td>기타</td><td>▪ 전년도 연말정산기준 급여총액/12 ×
참여기간 × 참여율</td></tr>
<tr><td colspan="2">※ 프리랜서의 경우 수행기관과의 과제수행에 따른 계약에 의
해 단가를 적용하되, 특별한 사유가 없는 한 수행기관의 급
여기준을 상회할 수 없음
※ 4대보험과 퇴직급여충담금의 본인 및 기관 부담금 포함해서
산정가능</td></tr>
</table>

학생인건비

학생인건비는 해당 기술개발과제에 직접 참여하는 학생연구원(박사후 연구원 포함)에게 지급하는 인건비를 말하며, 기업의 경우 계상할 수 없다. 학생인건비의 세부 산정기준은 아래 기준을 따르며, 동 지침에서 정하지 않은 사항은 「국가연구개발사업 관리 등에 관한 규정」을 따른다.

세목	산 정 기 준	
학생 인건비		

구분	세부 산정기준
학생인건비 통합관리 지정대학	▪ 해당 기술개발과제별로 투입되는 인원 총량을 기준으로 계상 ▪ 참여율 100%를 기준으로 과학기술정보 통신부장관이 정한 금액을 해당 과제 참여율에 따라 계상
학생인건비 통합관리 미지정 대학	▪ 박사 후 연구원 : 소속기관의 인건비 지급기준에 따름 ▪ 박사과정 : 2,500천 원 × 참여기간 × 참여율 ▪ 석사과정 : 1,800천 원 × 참여기간 × 참여율 ▪ 학사 이하 : 1,000천 원 × 참여기간 × 참여율

※ 학생 연구원의 참여율은 정규수업에 지장이 없는 범위에서
계상

연구시설 · 장비비

• 각 항목은 현금 또는 현물로 비고란에 표기하며, 용도란에 아래의 세부
사용처를 명기

• 또한, 비고란은 사용 주체를 명기(주관 기관, 참여기관 등)

가) 해당 기술개발사업에 2개월 이상 사용할 수 있는 기기 · 장비와 부수
기자재(개인용 컴퓨터는 연구개발과제 수행기관이 비영리기관이고,
협약계획서에 반영된 후 자체규정에 따른 절차를 이행한 경우만 해
당), 연구시설의 설치 · 구입 · 임차에 관한 경비 및 관련 부대경비로
사용한다(단, 연구공간에 대한 것은 제외).

나) 기술개발에 필요한 연구시설 · 장비는 수행기관의 기 보유 연구시설 ·
장비 및 대학 · 연구기관 또는 지방중소벤처기업청 등의 연구시설 ·

장비를 우선 활용하는 것을 원칙으로 한다. 이에 따른 수수료 등 관련 부대경비는 현금으로 계상할 수 있다.

다) 주관 기관 등 수행기관이 보유하고 있는 연구시설·장비의 사용료는 접수마감일 이전 5년 이내(내용 연수를 의미하며 개발기간을 포함하여 5년 이내이어야 함)에 구입한 경우(내용연수가 협약기간보다 상회하여야 함)에 한하여 구입가의 20% 이내에서 현물로 계상할 수 있다. 다만, 연구관리 전담부서를 설치한 비영리연구기관인 경우에는 현금 계상이 가능하고 유지보수비 명목으로 (흡수) 사용할 수 있다.

라) 연구시설·장비의 임차비용은 실사용금으로 계상할 수 있다.

연구재료비

가) 시약·재료구입비 및 전산처리·관리비

재료비는 현금 계상이 가능하나, 주관 기관 등 수행기관에서 보유하고 있거나 생산판매 중인 것은 현물로 산정하되, 수행기관에서 구매한 원가 또는 수행기관이 생산·판매가로 책정한 원가로 현물을 계상한다.

나) 시작품·시제품·시험설비 제작경비

주관 기관의 보유시설 부족 등으로 시작품 등을 외주가공 하는 경우에 소요비용을 현금으로 계상할 수 있다. 다만, 주관 기관에서 직접 제작하는 경우에는 그 소요비용은 재료비, 인건비 등의 비목에 계상하여야 한다.

연구활동비

가) 국내·국외 여비

① 연구원의 국내·외 여비는 수행기관 자체기준이 있는 경우 자체기준 단가를 적용하여 산정한다.

② 수행기관 자체기준이 없는 경우 국내·외 여비는 운임, 일비, 숙박비, 식비에 해당하는 실 소요금액으로 산정한다.

③ 국외 여비는 수행과제와 관련하여 해외 기술동향 파악 및 네트워크 구축을 위한 해외 전시회 참여, 현지 답사 비용, 해외학회 참석비용 등으로 활용할 수 있다.

나) 수용비 및 수수료

과제와 직접 관련 있는 인쇄 · 복사 · 인화 · 슬라이드 제작비, 공공요 금 · 제세공과금 및 수수료, 회계감사비용 등으로 사용한다. 다만, 사무 및 난방용 연료비, 청소비, 차량 보험료, 경상피복비 등은 계상할 수 없다.

다) 전문가 활용비 및 교육훈련비 등

① 수행과제와 직접 관련 있는 전문가 활용비, 국내외 교육훈련비, 도 서 등 문헌구입비, 회의장 사용료, 세미나 개최비, 학회 · 세미나 참 가비, 원고료, 통역료, 속기료, 기술도입비 등으로 해당 기관이 정한 기준 또는 실소요 경비로 계상한다.

② 전문가 활용비는 기술개발을 위해 외부전문가 활용에 소요되는 실 제비용을 산정할 수 있다. 단, 전문가 활용내용을 작성 · 제출한 경 우에 한해 인정되며, 해당기관 소속 전문가를 위한 비용은 계상할 수 없다.

라) 연구개발서비스 활용비

시험 · 분석 · 검사, 임상시험, 기술정보수집, 특허정보조사 등 연구개 발서비스 활용비 등으로 해당 기관이 정한 기준 또는 실소요 경비로 계상한다.

마) 디자인 정보 · 개발 및 컨설팅비

디자인 연계가 필요한 과제에 해당하는 경우 디자인 정보조사 · 개발 및 컨설팅 비용 등으로 해당 기관이 정한 기준 또는 실소요 경비로 계 상한다.

바) 연구과제운영비

① 연구과제운영비와 국내 여비의 합계는 수행기관별 직접비(현물포함) 의 10% 이하로 산정

② 회의비, 초과근무 식대, 사무용품비, 연구환경 유지를 위한 기기 · 비품의 구입 · 유지비(연구실의 냉난방 및 건강하고 청결한 환경 유 지를 위하여 필요한 기기 · 비품의 구입 · 유지 비용을 말한다.) 및 비영리 법인의 연구실 운영에 필요한 소액의 소모성 경비

③ 회의비는 다과, 식대 등으로 실 소요비용(1인당 1식 3만 원 이내)을 산정할 수 있으며, 외부기관 참석 없이 단일 수행기관 내부직원 간

의 회의비로 사용하는 경우 계상할 수 없다.

④ 초과 근무 식대(평일 점심 식대 제외)는 1인당 1일 1만 원 이내에서
산정하여야 한다. 단, 수행기관의 자체 기준이 있는 경우 자체 기준
을 따르되 이 경우에도 1만 원을 초과할 수 없다.

연구수당

과제 수행과 관련된 과제책임자 및 참여연구원의 보상 · 장려금 지급을 위
한 수당으로 해당연도 해당 기관 인건비(미지급 인건비 포함) 및 학생인건
비의 20% 이내에서 계상할 수 있다.(단, 영리기관의 경우, 최소 10% 이상
계상 필수)

▶ 간접비

• 영리기관은 직접비(현물 및 위탁연구개발비는 제외한다)의 10% 이내에
서 실제 필요한 경비로 계상한다.

• 간접비 비율이 고시된 비영리법인은 직접비(미지급 인건비, 연구시설 ·
장비비, 연구재료비의 현물 및 위탁연구개발비는 제외한다)에 고시된 간
접비 비율을 곱한 금액 이내에서 계상한다.

• 간접비 비율이 고시되지 않은 비영리법인은 직접비(미지급 인건비, 연구
장비 · 재료비의 현물 및 위탁연구개발비는 제외한다.)의 17% 이내에서
계상한다.

• 주관 기관은 기술개발 핵심자료에 대한 멸실 및 훼손, 기술유출이 되었을
경우 개발사실 등을 입증할 수 있도록 기술개발 핵심자료 및 최종보고서
등 기술자료임치비를 포함한 연구보안 관리비를 계상할 수 있다.

• 기술창업 출연 · 출자금은 해당 연도 간접비 총액의 10퍼센트 범위에서
계상하고 국가연구개발과제와 관련된 기술지주회사, 학교기업, 실험실공
장, 연구소기업 등 설립 이후 최장 5년까지 집행할 수 있다. 다만, 연구기
관이 필요하다고 판단하는 경우에는 자체 규정에 따라 그 기간을 추가로
최장 5년까지 연장할 수 있다.

• 연구실 안전관리비는 「연구실 안전환경 조성에 관한 법률」 제13조 제3
항에 따른 금액으로 계상한다.

- 공동활용시설 내에 구축하는 1억 원 이상의 연구시설·장비를 구입하는 경우 「국가연구개발사업의 관리 등에 관한 규정」 제25조 제7항에 따른 국가연구시설·장비심의평가단의 심의를 거쳐 집행해야 한다.

간접비 사용용도

1. 인력지원비
① 지원인력 인건비 : 기술개발에 필요한 장비운영 전문인력 등 지원인력, 과제책임자의 연구비 정산 등을 직접 지원하기 위한 인력의 인건비
② 연구개발능률성과급 : 수행기관(주관 기관, 참여기업, 공동개발기관, 위탁연구기관)의 장이 우수한 연구성과를 낸 연구자 및 우수한 지원인력에게 지급하는 능률성과급

2. 연구지원비
① 기관 공통지원경비 : 기술개발에 필요한 기관 공통지원경비
② 사업단 또는 연구단 운영비 : 사업단 또는 연구단 형태로 운영되는 경우 운영경비 및 비품 구입경비
③ 연구실 안전관리비 : 기술개발과제 수행과 관련하여 연구실험실 안전을 위한 안전교육비 등 예방활동과 보험 가입 등 연구실 안전환경 조성에 관한 경비 중 「연구실 안전환경 조성에 관한 법률」에 따라 정하는 경비
④ 기술보호경비(연구보안관리비 포함) : 기술개발과제 수행과 관련하여 보안장비 구입, 보안교육 및 「대·중소기업 상생협력 촉진에 관한 법률」 제24조의2에 따른 중소기업의 기술자료 임치(任置) 관련 비용, 중소기업기술 보호 지원에 관한 법률의 기업부담 비용(컨설팅, 시스템구축비, 보안 솔루션 라이센스 구입비, 조정·중재 수수료 등) 등 연구개발과제 보안을 위한 필요경비(보안관제서비스 비용 포함)
⑤ 연구윤리활동비 : 기술개발과제 수행과 관련하여 연구윤리규정 제정·운영, 연구윤리 교육 및 인식확산 활동 등 연구윤리 확립, 연구부정행위 예방 등과 관련된 경비

⑥ 연구개발준비금 : 정부출연연구기관, 특정연구기관 및 과학기술 정보통신부장관이 별도로 고시하는 비영리 민간 연구기관에 소속된 연구원의 일시적 연구 중단(「중소기업기술혁신촉진법」 제31조 제1항에 따라 참여제한을 받은 경우 또는 내부 징계로 인한 일시적 연구 중단의 경우는 제외한다), 연구 연가, 박사후 연수 또는 3개월 이상의 교육훈련(연수 또는 교육훈련 기관에서 비용을 부담하지 않는 경우만 해당한다), 신규채용 직후 처음으로 과제에 참여하기까지의 공백 등으로 인하여 기술개발 과제에 참여하지 않는 기간 동안의 급여 및 파견 관련 경비

⑦ 대학 연구활동 지원금 : 학술용 도서 및 전자정보(Web-DB, e-Journal) 구입비, 실험실 운영 지원비, 학술대회 지원비, 논문 게재료 등 대학의 연구활동을 지원하는 경비(직접비에 계상되지 않는 경우만 해당한다.)

⑧ 대학의 기술개발 관련 기반시설 및 장비 운영비(직접비에 계상되지 않는 경우만 해당한다.)

3. 성과활용지원비

① 과학문화활동비 : 기술개발과제의 홍보를 위한 과학홍보물 및 행사 프로그램 등의 제작, 강연, 체험활동, 연구실 개방 및 홍보전문가 양성 등 과학기술문화 확산에 관련된 경비

② 지식재산권 출원 · 등록비 : 해당 연도에 수행기관에서 수행하는 해당 과제와 직접 관련된 지식재산권의 출원 · 등록 · 유지 등에 필요한 모든 경비 또는 기술가치평가 등 기술이전에 필요한 경비, 국내 · 외 표준 등록 등 표준화(인증을 포함한다) 활동에 필요한 경비, 연구노트 작성 및 관리에 관한 자체 규정 제정 · 운영, 연구노트 교육 · 인식확산 활동 및 연구노트 활성화 등과 관련된 경비

③ 기술창업 출연 · 출자금 : 연구기관에서 수행하였거나 수행하고 있는 국가연구개발과제와 관련된 기술지주회사, 학교기업, 실험실공장, 연구소기업의 설립 및 운영에 필요한 비용

④ 기술개발 결산 및 사업화 성과 평가 등에 필요한 비용

2. 국가연구개발사업 유사 과제 검색

유사 과제 검색은 정부 지원 사업의 중복 지원을 방지하고, 관련 기술의 주요 연구자를 확인할 수 있으며, 기술동향을 파악할 수 있어 과제 작성에 도움이 된다.

유사 과제 검색의 이점은 다음과 같다.
① 중복 과제 지원으로 평가에서 제외되는 것을 방지한다.
② 주요 연구자 및 기업의 연구 동향을 파악할 수 있다.

2.1 국가과학기술지식정보서비스 가입 및 로그인 방법

① 국가과학기술지식정보서비스(www.ntis.go.kr) 사이트에 회원가입을 클릭한다.

② 새 창이 열리면 정보를 기입하고 회원가입을 신청한다.

2.2 국가연구개발사업 수행과제 검색 방법

① 검색할 키워드를 준비한다.

② 메뉴에서 과제참여/유사과제를 클릭한다.

③ 웹 입력이나 엑셀 입력을 클릭하고 수행할 과제 내용을 다음 그림
에서와 같이 입력한다.

④ 과제 정보를 순서에 맞춰 입력하고 다음 단계를 누른다.

⑤ 유사과제 검색결과가 다음과 같이 보이면 검색결과를 클릭한다.

⑥ 유사과제 결과를 보고 유사과제 내용 및 연구동향을 분석한다.

유사과제

유사성검토시작하기 | 결과조회 | 연구동향분석

결과조회

검색결과 15건   [삭제]

	순번	등록일자	연구과제명	제출과제수	등록결과 정상	등록결과 오류	기준유사도	검색년도	웹보기	엑셀보기	검색결과줄
☐	15	2020-10-11 13:54:21	단백질 대량 생산을 위한 미생물 발현 시스템 구축...	1	1	0	60	2002 ~ 2020			
☐	14	2014-08-14 16:51:17	단백질 대량생산을 위한 발현시스템 개발-1	1	1	0	60	2002 ~ 2014			
☐	13	2012-11-06 14:30:51	지역산업기술개발사업 2차 신규1-1	7	7	0	60	2002 ~ 2012			
☐	12	2012-05-31 15:04:18	2012년 지역산업기술개발사업 신규1-1	16	16	0	60	2002 ~ 2012			
☐	11	2011-10-28 01:07:24	지역산업기술개발사업(자유공모형)(9개지역-대전)-1	44	42	0	80				
☐	10	2011-10-21 14:16:58	지역산업기술개발사업(자유공모형)(9개지역-대전)-1	44	42	0	80				
☐	9	2011-10-21 14:16:57	지역산업기술개발사업(자유공모형)(9개지역-대전)-1	44	42	0	80				
☐	8	2011-10-21 14:18:30	지역산업기술개발사업(자유공모형)(9개지역-대전)-1	44	42	0	80				
☐	7	2013-07-02 17:59:11	지역산업기술개발사업(자유공모형)(9개지역-대전)-1	44	42	0	60	2002 ~ 2013			
☐	6	2010-12-23 09:07:56	지역산업기술개발사업-4	11	11	0	88				

※ 통합 엑셀파일로 보시려면 [icon], 과제별 1개 파일로 분리하는 압축파일을 보시려면 [icon]를 선택하십시오.

1 2

⑦ 과제와 연관된 키워드를 확인하여 연구동향을 파악한다.

3. 특허 검색을 활용한 선행기술조사 방법

특허 선행기술조사는 연구개발을 전후해 관련 기술 분야의 흐름을 파악하고, 연구개발 주제를 선정하거나 장래기술의 예측하는 데 도움을 준다. 아울러 중복 연구 및 투자를 방지하는 기능과 함께 특허 기술 등을 종합적으로 분석하여 해당 기술개발의 문제점을 해결하기 위한 아이디어 또는 팁을 확보하는 데 유용하다.

제품 설계 시에는 침해 가능한 특허를 검토하여 회피 설계 가능 여부를 판단하거나 기업의 특허 망 형성에 이용되기도 한다. 특허 출원 시점에서는 불필요한 특허출원 및 권리의 조기 포기, 특허취득 가능성 기술적 범위의 확인을 목적으로 활용된다. 또한 특허 분쟁에 따른 인용문헌의 정보를 확보하고, 자사의 실시기술에 대한 공지기술 확보, 타사보유 특허조사로 특허 분쟁 사전 예방 등에 활용된다.

내부에 특허 전문가가 없는 기업의 경우 외부 전문가에 의뢰하는 것이 가장 좋은 방법이다. 다만 비용 측면이나 초기 단계에서 특허 정보 획득을 위해서는 키프리스를 활용할 수 있다.

단순 검색을 넘어서는 특허 정보를 얻고 싶다면 교육과정에 참여하는 방법이 있다. 국내에는 특허 관련 교육 기관이 여러 곳 마련되어 있는데 단 며칠이라도 교육을 받고 실무를 통해 학습하는 것을 추천한다.

	홈페이지	교육 장소
한국발명특허지원센터	www.kipsc.or.kr	서울
국제지식재산연수원	iipti.kipo.go.kr	대전
윕스IP교육센터	edu.wips.co.kr	서울

3.1 키프리스 접속방법

www.kipris.or.kr라고 치거나 포털사이트에 키프리스라고 입력하면 다음의 홈페이지 접속이 가능하다.

※ KIPRIS(Korea Intellectual Property Rights Information Service)는 국내 · 외 지식재산권에 대한 모든 정보를 데이터베이스 다음과 같은 특징을 가지고 있다.

① 특허청이 한국특허정보원을 통해 제공하고 있는 특허정보 검색 서비스이다.

② 국내외 지식재산권에 대한 방대한 정보를 데이터로 구축하고 있다.

③ 사용료 없이 누구나 인터넷으로 쉽게 이용할 수 있는 편리성을 갖추고 있다.

3.2 검색하기

특허정보를 검색하기에 앞서 먼저 KIPRIS 검색시스템 초기화면 상단에 지식재산권 검색 메뉴에서 특허실용신안, 디자인, 상표, KPA 해외특허, 해외상표, 해외디자인 등에서 필요한 항목을 선택한다.

▣ KIPRIS 검색시스템 초기화면

산업재산권이란 특허권, 실용신안권, 디자인권 및 상표권을 총칭하며, 산업 활동과 관련된 사람의 정신적 창작물(연구결과)이나 창작된 방법에 대해 인정하는 독점적 권리인 무체재산권을 가리킨다.

특허란 아직까지 없었던 물건 또는 그 물건을 만드는 방법을 최초로 발명한 것이고, 물건에 대한 간단한 고안이나 이미 발명된 것을 개량해서 보다 편리하고 유용하게 쓸 수 있도록 한 물품에 대한 고안은 실용신안에 해당한다.

디자인은 물품의 형상·모양·색채 또는 이들을 결합시킨 것으로서 시각을 통하여 미감을 느끼도록 모양을 만드는 것이다. 상표는 제조회사가 자사 제품의 신용을 유지하고, 자기 상품을 타인의 상품과 구별하기 위해서 제품 및 포장에 표시하는 표장을 의미한다.

특허·실용	발명의 특허와 실용신안 검색
디자인	물품의 디자인 검색
상표	상품의 브랜드명·로고 및 서비스표 검색
심판	지식재산권 관련 심판사항 검색
KPA	국내 특허의 영문초록 검색
해외특허	미국, 유럽, PCT, 일본특허 검색

① 일반검색

일반검색은 특허·실용신안 등 검색하고자 하는 매뉴를 선택하고, 화면에서 검색할 단어나 특허 번호 등을 넣고 정보를 찾는 방법이다.

일반검색은 간단한 단어, 인명, 문헌번호 등의 전체 또는 일부만으로 검색이 가능하며, '단어검색'과 '번호검색'으로 구분되어 있다.

단어검색은 주로 발명의 명칭, 출원인명, 출원번호 등 다양한 키워드를 입력하여 검색할 수 있다. 또한 한글, 영문, 숫자를 입력할 수 있으며, 논리연산자(*, +, !, ^n) 및 구문연산자(" ")를 사용하면 더 구체적인 검색이 가능하다.

단어검색은 기술용어, 출원인 명칭 등 간단한 단어로 검색이 가능하며, 검색항목의 제한 없이 Full Text DB에서 검색이 이루어진다. 검색 기능으로는 특허와 실용신안 중 검색대상을 선택할 수 있는 권리구분 선택 기능과, 검색기간을 설정할 수 있는 검색범위 선택 기능이 있다.

검색어는 간단한 명사형 단어를 국문 또는 영문으로만 입력이 가능하며, 띄어쓰기 및 연산자 이외의 기호는 무시된다. 구문입력의 경우에는 발명의 명칭, 초록(요약), 청구범위에 한해서만 검색이 가능하고, 반드시 "큰따옴표"를 사용하여 검색어를 입력해야 한다.

구분			검색 사례
일반검색		특정 단어가 포함된 특허 실용신안 검색	단백질
구문검색		검색어가 순서대로 나열되어 있는 특허실용 검색	"의약용 단백질"
논리 연산	AND연산(*)	입력된 키워드가 모두 포함된 특허 실용신안 검색	단백질*대장균
	OR연산(+)	입력된 키워드 중 1개 이상 포한된 특허 실용 검색	단백질+대장균
	NOT연산(!)	입력된 키워드를 제외한 특허 실용 검색	단백질!대장균
	NEAR연산(^n)	첫 번째 검색어와 두번째 검색어와 거리가 1단어(^1), 2단어(^2), 3단어(^3) 떨어진 특허 실용신안 검색	자동^2각도
	절단연산(?)	일부 번호가 제외된 번호에 대한 특허 실용신안 검색	?-2018-0000123?

② 스마트 검색

스마트 검색은 아래 그림의 항목별 검색 부분을 클릭한다.

스마트 검색은 발명의 명칭, IPC 분류, 공개번호, 공개일자, 출원인 등 다양한 검색항목을 이용할 수 있다. 항목 옆에 도우미 버튼을 클릭하면 이용방법에 대한 상세한 설명이 표시된다.

③ 항목별 검색

항목별 검색은 전문(공보)에 수록된 내용을 세부 항목들로 나누어 검색하는 기능으로, 검색항목 간 연산은 AND 또는 OR 조건으로 설정이 가능하기 때문에 특정 검색항목을 지정하여 검색하거나, 다수의 검색항목을 이용한 조합검색이 가능하다.

① 특허 또는 실용신안을 검색 범위로 선택 가능하다.

권리구분	☑ 특허	☑ 실용

② 특허 출원부터 소멸까지 특허 행정 단계별로 구분하여 검색이 가능하다.

행정상태	☑ 전체	☑ 공개	☑ 취하	☑ 소멸	☑ 포기	☑ 무효	☑ 거절	☑ 등록

구분	설명
전체	모든 범위에서 검색
거절	출원 후 특허 심사과정에서 특허 등록요건을 만족하지 못해 취해지는 행정처분
등록	등록요건에 적합하여 설정등록 받은 특허
소멸	특허 존속기간이 만료되어 권리가 소멸한 특허
무효	출원 또는 등록이 특정 사유로 권리나 행위가 무효화된 특허
취하	출원한 특허가 등록되기 전 여러 사유로 인해 출원이 취소된 상태
포기	출원인이 포기서 제출, 등록료 불납 등으로 등록 결정이나 권리를 포기한 상태
공개	출원이나 등록사실이 공표된 상태로 출원 후 18개월 이후나 조기 공개 신청을 통해 공개된 상태

④ 자유검색

자유검색은 조합검색의 한 예로, "핸드폰"이나 "휴대폰"을 포함하고, 국제특허분류(IPC)가 배터리에 해당되는 특허 또는 실용신안을 찾고자 할 경우, 다음과 같은 방법으로 검색어를 입력한 후 검색을 실행한다.

검색어 확장은 자유검색에 한 단어의 검색어를 입력 시 사용 가능한 동의어, 관련어, 번역어의 시소러스 단어를 추가하여 검색어를 확장할 수 있는 기능이다.

⑤ IPC, CPC 검색

IPC 도움미	ex) G06Q + H04Q	and ∨	IPC시소러스
CPC 도움미	ex)G06Q	and ∨	

국제특허분류(IPC, International Patenet Classification)를 이용하여 검색할 수 있다. 코드를 모를 경우에는 도우미 버튼을 클릭하면 연결된 홈페이지에 분류코드 조회기능 외에, 특허청에서 개발한 PC용 국제특허분류 조회 프로그램을 제공하고 있어 활용 가능하다.

국제특허분류란 특허문헌에 대해 국제적으로 통일된 분류 방식의 기술 분류 체계이다. IPC의 구조는 기술 전체를 8개의 섹션으로 나누어 알파벳 A~H로 표시하고, 각각의 섹션에 대하여 클래스, 서브클래스, 메인그룹, 서브그룹의 계층적 구조를 기본 골격으로 한다.

협력적 특허분류(CPC, Cooperative Patent Classification)는 유럽특허청과 미국 특허상표청이 공동으로 개발한 특허분류시스템이다. 각 국에서 표준으로 사용하는 국제특허분류가 모든 기술에 대응시키기 어렵기 때문에 일본, 미국, 유럽 등은 별도의 특허분류코드를 만들어 사용하고 있다. 이로 인해 발생하는 선행기술조사에 대한 어려움을 해결하기 위해 유럽특허청과 미국특허청이 CPC를 공동으로 개발하여, 2013년부터 사용하고 있다. 코드를 모를 경우에는 도우미 버튼을 클릭하면 연결된 홈페이지에 분류코드 조회 기능이 있다.

⑥ 출원번호, 등록번호를 알고 있는 경우는 아래 항목에 번호를 입력하여 검색할 수 있다.

예) 출원번호가 "10-1999-0001234(특허 1999-1234)"인 경우
10-1999-0001234
?-1999-0001234
10-?-0001234
?-?-0001234
1019990001234

※ 물음표(?)는 "절단연산자"로서 번호 중 일부를 알 수 없을 경우 나머지 입력된 번호에 대해 전체 검색을 한다.
"?-1999-0001234"를 입력하는 경우 특허(10), 실용신안(20)에 대하여 검색한다.
"10-?-0001234"를 입력하는 경우 전체 연도에 대하여 검색을 한다.
입력이 어려울 경우 도우미을 통해 쉽게 입력할 수 있다.

표 5-2 **권리번호형식**

구분	권리번호	내용
특허	10	아직까지 없었던 물건이나 그 물건을 만드는 방법을 최초로 발명한 것
실용신안	20	이미 발명된 것을 바꾸어서 보다 편리하고 쓸모 있게 만든 것
디자인	30	보는 사람으로 하여금 아름다움을 느끼도록 모양을 만드는 것
상표	40	제조회사가 자사 제품이 신용을 유지하고, 자기 상품을 다른 상품과 구별시키기 위해서 제품 및 포장에 표시하는 표장

표 5-3 **문헌번호형식**

번호	권리번호	연도	일련번호	자릿값
출원번호	2자리	4자리	7자리	-
공개번호	2자리	4자리	7자리	-
공고번호	2자리	4자리	7자리	-
등록번호	2자리	-	7자리	0000

3.4 검색결과 조회

검색 실행 후 검색결과는 검색결과 리스트에 해당하는 '간략정보'(또는 '초록정보' 및 '대표도면')와 각각의 '상세정보' 및 '전문보기' 순으로 조회한다.

(1) 간략 · 초록정보 및 대표도면 보기

검색된 결과 리스트를 보여주는 결과 화면은 '간략정보보기'와 '초록정보보기', '대표도면보기'가 있다. 간략정보보기 화면은 전문이나 대표도면을 바로 확인할 수 있는 아이콘과 출원번호, 행정처리상태, 발명의 명칭 등 주요 항목들을 일괄적으로 볼 수 있도록 구성되어 있다. 우측 상단에 있는 페이지 이동 버튼을 클릭하여 페이지당 표시건수를 선택할 수 있다.

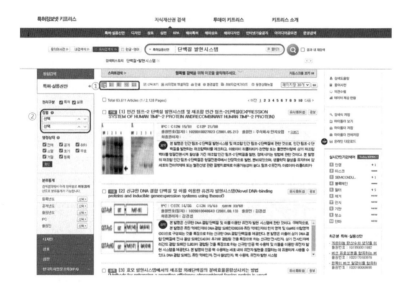

검색결과를 보는 방식은 ①검색결과를 보는 방식을 선택할 수 있다. ②정렬 버튼을 클릭함으로써 각 결과 항목에 대한 정렬방식 선택이 가능하다.

보기종류	서지정보	초록정보	도면정보
기본보기	O	열기 클릭 시 확인가능	
초록 함께보기	O	O	X
대표도면보기	X	X	대표도면
도면 일괄보기	X	X	모든 도면

화면 상단에는 간략정보에 표시된 결과항목을 이용자의 편의에 따라 변경할 수 있는 버튼이 있다. 이때, 결과 항목은 '대표도면', '출원번호', '발명의 명칭'을 제외한 항목들 중 최대 3개까지 선택이 가능하며, 선택 후 반드시 "새로고침"을 클릭해야만 변경된 설정 값이 적용된다.

화면 상단의 "초록정보" 탭을 클릭하면 결과 화면에 나타난 검색결과 리스트에 대한 요약문을 조회할 수 있으며, 간략정보에서와 동일한 방법으로 정렬 및 조회항목 설정이 가능하다.

또한 "대표도면" 탭을 클릭하면 결과 화면에 나타난 검색결과 리스트에 대한 대표도면만을 조회할 수 있는데, 간략 또는 초록정보 보기 화면에서 제공하는 정렬 및 결과 항목 설정 기능은 지원되지 않는다.

(2) 상세보기

상세보기 화면에서는 서지, 초록, 대표도면, 행정처리, 인용/피인용, 패밀리 정보 등 세부정보에 해당하는 상세정보와 공보 및 등록정보를 한 번에 조회할 수 있다. 상세정보는 검색결과 리스트에서 '출원번호' 또는 '발명의 명칭'을 클릭하여 확인할 수 있다.

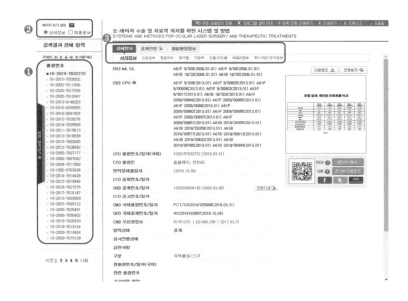

　화면 좌측의 ❶출원번호 클릭시 검색결과 리스트를 기준으로 '다음' 및 '이전' 출원 건에 대한 상세정보 보기가 가능하다. ❷ 보여지는 화면이 상세정보인지 최종공보인지 선택가능하고, ❸상세정보, 공개전문, 등록사항, 심판사항, 통합행정정보로 구분되면 해당사항이 없을 경우 해당 버튼이 나타나지 않는다.

서지정보	발명(고안)의 명칭, 초록, 기술분류, 번호, 일자, 인명 정보, 대표도면 등
인명정보	출원인, 발명자, 대리인, 최종권리자
행정처리	행정 서류명, 접수/발송일자, 처리상태, 접수/발송번호
청구항	청구항 정보
지정국	국제출원시 지정국가
선행기술조사문헌	심사시 조사된 선행기술문헌번호(국내문헌은 바로 열람 가능)
패밀리정보	패밀리번호, 국가코드, 국가명
국가 R&D 연구정보	해당 문헌과 관련된 연구사업의 부처, 주관기관, 연구사업명, 연구과제명

05장

항상 고민하라 그리고 실천해라

우리 인간이 다른 생명체와 다른 점은 사고(思考)의 주체라는 것이다. 파스칼은 인간은 연약한 갈대와 같지만 생각할 수 있는 능력이 있기에 위대한 존재라고 했다. 그러나 생각만 한다고 위대한 존재로서의 대우를 받는 것은 좀 부담이 될 수 있다. 창업을 위해 무수한 생각을 하고 이를 위해 노력을 하지만 그 생각들이 온전히 반영되는 것은 아니다. 자신에게 주어진 환경들을 이러한 내용을 통해 실천할 수 있도록 만들어가는 것이 중요하다. 현재 많은 사람들이 지금의 자리를 버리고 창업을 꿈꾼다. 꿈만 꾸는 것으로도 행복할 수 있다. 마치 복권을 사는 것과 같다. 복권에 당첨이 되려면 제일 먼저 복권을 구매해야 하는 것처럼 말이다.

논어(論語) 계씨편에 君子有九思(군자유구사) 視思明(시사명) 聽思聰(청사청) 色思溫(색사온) 貌思恭(모사공) 言思忠(언사충) 事思敬(사사경) 疑思問(의사문) 忿思難(분사관) 見得思義(견득사의)이 전해진다. 이 말은 군자는 아홉 가지 생각해야 할 것이 있으니, 보는 데는 맑기를 생각하고, 듣는 데는 총명하기를 생각하고, 용모에는 온화하기를 생각하고, 태도는 공손하기를 생각하고, 말에는 충실하기를 생각하고, 일에는 성실하기를 생각하고, 의심나는 것에는 묻기를 생각하고, 화가 날 때에는 어려움을 생각하고, 이득을 보면 의로움을 생각한다는 뜻이다. 마치 창업자에게 필요한 기업가 정신이기도 하다.

창업을 한다는 것은 지금의 모습과 다른 모습을 꿈꾸고 있다는 것이다. 그러기위해서는 자신이 나가야 할 길에 대한 지속적인 공부를 해야 한다. 그리고 수익이 발생하면 사회와 함께 할 줄 아는 마음도 필요하다. 순간의 이익에 눈멀어 자신의 양심을 버려서는 안 된다. 창업은 그래서 고독한 길이며 험난한 과정을 극복해가는 것이다. 창업가의 초심을 지키는 태도로 사업에 임하는 것은 늦게 도착하지만 성공할 수 있다는 진리이다. 그 초심을 얼마만큼 실천하는가에 따라 자신이 행하는 사업에도 좋은 결실이 따라온다. 좋은 일은 멈추지 말고 실천하라, 그리고 꾸준히 실천하라.

에필로그

•

정직한 자신만의
'네이비게이션'을 만들어라

인생은 생각한 대로 이루어진다.
생각이 곧 현실이 된다.
입버릇이 인생을 바꾼다. 적극적이고 증정적인 말을 항상 복창하라.

우리는 이런 말들을 흔히 들어왔다. 실제로 성공한 사람들의 공통점을 분석해 보아도 알 수 있고, 성공하는 법칙이나 행복에 대해 연구했던 위대한 성취자, 철학자, 종교가들이 오랜 옛날부터 해 왔던 위의 말들이 사실이라는 것을 증명한다. 하지만 평범한 사람들은 알고 있어도 실천하기 어려운 부분이 있다. 누구나 꿈을 꾸지만 실제로 이룬 사람이 많지 않은 것도 그 이유이다. 우리에게 필요한 것은 무엇일까? 꿈을 현실화 시켜주는 도구이다.

여러분은 해가 바뀔 때마다, 달이 바뀌고 날이 바뀔 때면 늘 새로운 계획을 세우고 그것들을 간단하게 메모를 하거나 자신만의 표현법으로 이미지화 하는 일을 반복해왔을 것이다. 비즈니스에 있어서 사업계획서도 마찬가지다. 비록 잘 지켜지건 못 지켜지건 간에 하루의 계획, 한 달, 일 년의 계획을 구체적으로 세우는 사람과 그렇지 않은 사람은 분명 그 마음가짐과 태도에서 차이가 있다. 더군다나 창업의 성패를 좌우하는 사업에서야 말해 무엇하랴. 사업계획서에 자신의 꿈과 열정을 녹여 충실하게 작성해나가는 사람과 '사업계획서쯤이야.. 다 내 머릿속에 있는 걸' 하는 사람과는 성공과 실패라는 차이, 차마 지면에 다 표현할 수 없는 엄청난 차이가 있다. 결국 사업계획서란 꿈과 열정으로 가득찬 여러분만의 지도이다. 여러분만의 네비게이션이다. 아직 가보지도 않은 상상 속 그 세계를 걸어가는 여러분이라면 당연히 지도가 필요하다. 아무 계획 없이 그냥 떠나는 사람은 아무도 없을 것이다. 알찬 여행을 꿈꾼다면 온갖 방법을 동원해 구체적인 계획을 세우고 그 계획이 담긴 자신만의 '지도'를 챙겨두어야 할 것이다.

20세기 남극탐험가로서 남극 정복을 경쟁했었던 노르웨이인 로알 아문센과 영국인 로버트 팰컨 스콧이 있었다. 노련한 탐험가였던 아문센은 출항 전에 모든 계획을 꼼꼼하게 세우고, 대원들이 물러서지 않도록 심리적 트릭까지 세우기까지 했다. 결국 1911년 12월 14일 아문센 탐험대는 최초로 남극점을 정복하는 데 성공했다. 반면에 스콧은 남극 정복이라는 극한 상황을 견뎌낼 수 있는 물질적과 정신적으로도 준비가 많이 부족했다. 오히려 그 도전은 무모하고 경솔하기까지 했다. 온갖 위기를 넘긴 뒤 남극점에 이르렀지만 벌써 그곳에는 아문센의 노르웨이의 깃발이 휘날리고 있었다. 이 성공과 실패의 사례에서 가장 중요한 메시지는 사전에 정직한 계획이 있었느냐 없었느냐의 차이이다. "준비에 실패하는 자는 실패를 준비하는 자다"라는 벤저민 프랭클린의 격언을 깊이 새겨들어야 할 것이다.

여러분은 지금 어떤 꿈을 가졌는가? 그리고 그 열정은 어느 정도인가? 그 꿈을 이뤘을 때의 기쁨을 상상해보았는가? 그리고 그 달콤함을 지속시키고 싶은가?

커다란 종이에 자신의 꿈을 쓰거나 그려 넣듯이 여러분만의 구체적이고 정확한 그리고 변화에 발빠른 대처를 할 수 있는 특별하고도 정직한 사업계획서를 작성하라. 여러분이 추구하고자 하는 그 꿈으로 다가가는 데 균형잡힌 발걸음을 유지시켜 줄 것이며 어떤 위기를 맞닥뜨리더라도 용감하게 대응할 수 있는 지혜의 서(書)가 되어줄 것이다.

꿈을 이뤘을 때의 기쁨을 상상해보라. 어떤 신념이 생기는가? 분명 신념은 마력을 지녔다. 그 엄청난 마력을 지닌 여러분의 신념이 부디 상대에게 전달될 수 있는 '사업계획서'에 표현되길 바란다. 그 정직한 사업계획서가 여러분에게 가슴 벅찬 성공의 '맛'을 안겨줄 것이다.

저자소개

박정용
- 경북대학교 공과대학 전자공학과 및 동 대학원 졸업(공학박사)
- 충남대학교 경영대학원 졸업(경영학 석사)
- 대전대학교 경영·복지대학원 졸업(사회복지학 석사)
- 대우정밀공업(주), ㈜에버넷, ㈜티오스의 연구소장을 역임
- 한남대, 대전대 산학협력중점교수 역임
- 현 (재)충북지역사업평가단장으로 근무(전 대전지역사업평가단장 역임)
- 한국전자공학회, 한국지식정보기술학회 정회원 및 세계 3대 인명사전에 모두 등재되었음
- 저서로는 "수상한 사업계획서", "혼자서 푸는 창업방정식", " 창업의 정석" 등이 있음

서용모
- 배재대학교 생화학과 및 동대학원 석사 졸업
- 한밭대학교 창업경영대학원 석사졸업(기술경영 전공)
- 충남대학교 경영학과 박사수료(마케팅 전공)
- 대전대학교 융합컨설팅학과 박사 졸업(기술경영 전공)
- 전) 충남대학교 경영학과, 유원대학교 교양융합학부, 한남대학교 링크사업단 교수
- 현) 배재대학교 링크사업단 교수
- 저서 : 청년창업 성공전략 학생용 워크북, 미래사회 with 블록체인

김수진
- 공주대학교 화학과 졸업
- 충남대학교 경영대학원 졸업(마케팅 전공)
- 한국문인협회 회원 및 대전문인협회 사무차장
- 현재 (주)인트론바이오테크놀로지에서 바이오분야 마케팅 전문가로 근무
- 주요 활동 및 저서 : 2016년 [대전문학]으로 시인 등단하면서 문인활동을 시작하여 '2020 대전문학' 올해의 '작가상'을 수상하였으며, 첫 시집으로 "기억이 추억한다"을 출간

임종화
- 한국기술교육대 기술경영학 대학원 석·박사 졸업
- ㈜중외제약, (재)대전테크노파크 선임연구원
- 현 (재)대전지역사업평가단 팀장

정직한 사업계획서
(정해진 방향으로 직진하려면 한번쯤 생각해봐야 할 사업계획서)

초판발행	2021년 3월 25일
지은이	박정용·서용모·김수진·임종화
펴낸이	안종만·안상준
편 집	김지영
기획/마케팅	정연환
표지디자인	BEN STORY
제 작	고철민·조영환
펴낸곳	(주) 박영사
	서울특별시 금천구 가산디지털2로 53, 210호(가산동, 한라시그마밸리)
	등록 1959. 3. 11. 제300-1959-1호(倫)
전 화	02)733-6771
f a x	02)736-4818
e-mail	pys@pybook.co.kr
homepage	www.pybook.co.kr
ISBN	979-11-303-1190-6 93320

copyright©박정용·서용모·김수진·임종화, 2021, Printed in Korea

정 가   15,000원